ANTES DE LA CAÍDA VIENE LA APOSTASÍA

OMAR GRIEVE

Apreciada familia Trillo: Es mi oración que sigan siempre fieles en los caminos del Señor.

Omar Grieve

Mayo 13, 2022

Editorial La Voz De La Esperanza
Riverside, California

i

Editores:
La Voz de la Esperanza Inc.
11290 Pierce St.
Riverside, California 92505
EE.UU. de N.A.

ISBN: 978-0-692-12330-0

Impreso y encuadernado por ComarkDirect Inc.

INDICE

Por lo tanto, ya que, en Jesús, el Hijo de Dios, tenemos un gran sumo sacerdote que ha atravesado los cielos, aferrémonos a la fe que profesamos. Porque no tenemos un sumo sacerdote incapaz de compadecerse de nuestras debilidades, sino uno que ha sido tentado en todo de la misma manera que nosotros, aunque sin pecado. Así que acerquémonos confiadamente al trono de la gracia para recibir misericordia y hallar la gracia que nos ayude en el momento que más la necesitemos.

Hebreos 4:14–16

INTRODUCCIÓN

Siempre fue mi deseo investigar los eventos que condujeron al cristianismo al derrumbe de su estado original. El propósito primordial de este libro consiste en demostrar: ¿cómo ocurrió la caída?, ¿por qué sucedió?, ¿hasta cuándo continuará?, y ¿cuál es la respuesta de Dios en la profecía, a esta apostasía fatal?

Indudablemente en el cristianismo mundial, a través de la historia, se perpetraron cambios sutiles y a la vez radicales, creándole una carátula muy distinta a lo que Cristo quería que fuese. Por años me pregunté: ¿por qué hay tantas ramificaciones de la iglesia cristiana original? La contestación a esta pregunta, nos impele a exponer que nuestro Señor Jesús, el fundador de la iglesia, desplegará en el tiempo del fin, un remanente con las características bíblicas del pueblo verdadero de Dios.

El secreto para pertenecer a este grupo está en estudiar la Palabra de Dios con ahínco y oración, acatando el consejo de 1 Tesalonicenses 5:19-21: "No apaguéis al Espíritu. No menospreciéis las profecías. Examinadlo todo; retened lo bueno".

Espero que, al hacer este oportuno recorrido en la historia, puedas compenetrarte en la solución a los grandes dilemas que involucran el cristianismo. Y que tu hallazgo te conduzca a un encuentro más cercano con tu Salvador personal. Pronto todas nuestras dudas serán aclaradas y erradicadas en el día glorioso de la Segunda Venida de Cristo Jesús.

DEDICACIÓN

Dedico las páginas de este humilde libro a mi esposa Nessy, a mi hija Nadine, a mi hijo Dereck y a mis padres, Jorge y Nila Grieve, por la influencia que ellos han tenido en mi vida y por la fuerza motora que me han brindado para seguir predicando la Palabra de Dios.

También dedico este libro a todos aquellos que depositaron en mis esfuerzos un granito de confianza, esperanza y ánimo, alentándome en mi ministerio.

Además, deseo agradecer a mis abuelos, Luis y Matilde Casali, quienes, siendo pioneros en la predicación del evangelio, fueron diligentes en el estudio de la Biblia, fieles hijos de Dios y un ejemplo para mí. Espero pronto verles en la Segunda Venida de Cristo y poder contarles todo lo que ha acontecido, abrazarles y decirles que, gracias a su influencia, este autor, pastor, padre y esposo ha seguido sus sabios consejos.

Este libro es prueba de lo que mis antepasados creyeron y predicaron y reitera el cumplimiento de los grandes eventos proféticos en nuestro tiempo.

EL MUNDO ESTABA LISTO

CAPÍTULO I | EL MUNDO ESTABA LISTO

El mundo estaba listo para un cambio radical de las religiones orientales y politeístas a una monoteísta que tocara las necesidades de una experiencia personal.

"El cristianismo no entró en un mundo vacío. Su advenimiento halló las mentes de los hombres llenas del concepto del universo, de la religión, del pecado y de recompensas y castigos, con los cuales tuvo que vérselas y a los cuales tuvo que ajustarse. El cristianismo no pudo construir en suelo virgen… Todos los hombres, excepto unos pocos representantes de ciertas escuelas filosóficas, aceptaban la existencia de uno o más poderes invisibles, sobrehumanos y eternos. Los hombres necesitaban una religión más profunda que las filosofías y ceremonias".[1]

El Cristianismo primitivo arrancó y surgió como una secta apocalíptica del judaísmo como lo vemos descripto en Hechos 24:5. Los historiadores denominan este grupo de creyentes, judeocristianos. Estos primeros cristianos se llamaban a sí mismos "Nazarenos" o "los del Camino". Los primeros cristianos asistían a las sinagogas. Ellos basaban su predicación en las profecías mesiánicas y enseñaban que Jesús de Nazaret, era el Mesías anunciado por los profetas. Como regla de vida enseñaban la Torá del Antiguo Testamento y las obras del Espíritu Santo, de acuerdo con las enseñanzas de Jesús.

"Muchos de los cristianos judíos del siglo I eran totalmente fieles judíos religiosos. Se diferenciaban de otros judíos contemporáneos sólo en su aceptación de Jesús como el Mesías".[2]

Sin embargo, como el cristianismo creció en el mundo de los gentiles, los cristianos se separaron de sus raíces judías y de Jerusalén. A pesar de las influencias griegas y paganas, cuando el cristianismo se gestó, después de la muerte y resurrección de Cristo, era puro, sincero y con un cometido inigualable. No existían diferencias de castas, riquezas o culturales. Nadie se sobrepasaba por encima del otro. Todos eran laicos que gozaban de voz y voto y participaban de las decisiones de la iglesia Primitiva. El mensaje era sencillo: Cristo tu Creador, Cristo tu Salvador y Cristo tu Redentor. Aun así, a pesar de toda esta simplicidad, ya se empezaban a ver vestigios de disidencia en tiempos de Pablo y Pedro. Las persecuciones feroces no disuadían a los nuevos conversos abandonar al que habían conocido, Cristo Jesús.

Miles morían en el Circo Romano, quemados, ahogados y bajo las fieras que descuartizaban a sus presas humanas. Pedro explica la confianza y la fe que existía entre la grey: "Así, la fe de ustedes, una vez puesta a prueba, será mucho más valiosa que el oro perecedero purificado por el fuego, y se convertirá en motivo de alabanza, de gloria y de honor el día de la Revelación de Jesucristo. Al cual, no habiendo visto, le amáis; en el cual, creyendo, aunque al presente no le veáis, os alegráis con gozo inefable y glorificado" (II Pedro 1:7,8).

Muchas veces el creyente tiene que escoger entre poner su mirada en las cosas que se pueden ver o fijar su vista en las cosas que no se pueden ver. La iglesia primitiva vivía por la fe y no les interesaba las consecuencias horrendas que les esperaban. ¿Cómo podían ellos amar a alguien a quien no veían? Muchos creen y hacen planes sobre la base del testimonio de otros. Por ejemplo, ¿cuántos invierten cuantiosas sumas de dinero, y hacen planes de viajar a Cancún, a pesar de nunca haber visto esa parte del mundo? ¿Por qué lo hacen? Porque confían en el testimonio de otros que sí han visitado Cancún, y tienen experiencia personal de la existencia de ese lugar. Ese fue el testimonio de los apóstoles, quienes les hablaban a los inconversos con un vigor, fuerza y poder y de tal manera que convencían a los que nunca habían visto a Cristo.

Como dijera Pablo, "...por fe andamos, no por vista" (2 Corintios 5:7). Esto es algo que el autor de Hebreos confirma, cuando define la fe como: "...la certeza de lo que se espera, la convicción de lo que no se ve" (Hebreos 11:1). En realidad, la verdadera fe logra 'ver' lo que no se puede ver. Esta fue la clave de la vida de todos los creyentes también del Antiguo Testamento. Como se dice de Moisés, "...se sostuvo como viendo al Invisible" (Hebreos 11:27). "Abraham", dijo el Señor, "vio mi día, y se gozó" (Juan 8:56). ¿Cómo lo vio? Por los ojos de la fe. Los cristianos primitivos vivían con un gozo indescriptible. El apóstol Pedro explica la experiencia de estos cristianos en la siguiente frase: "...os alegráis con gozo inefable y glorioso" (I Pedro 1:8).

El término en el griego para "*inefable*" es ('aneklaletos') y es un adjetivo verbal. El verbo compuesto ('eklaleo'), significa 'divulgar'. Pedro aquí explica que la experiencia de estos cristianos es, 'algo inexpresable' o algo que no se puede explicar, solo se puede experimentar por uno mismo. El gozo del cual Pedro menciona para describir la actitud de los primeros cristianos, es misterioso en su origen, y muy profundo en su naturaleza, es el resultado de una experiencia de conversión de estos primeros cristianos.

Los súbditos de Satanás abandonaban su servicio y se alistaban bajo Cristo. La vida de los primeros creyentes era caracterizada por la unidad en propósito. Estaban siempre juntos perseverando en las enseñanzas de los apóstoles. "Todos los que habían creído estaban juntos, y tenían en común todas las cosas; y vendían sus propiedades y sus bienes, y lo repartían a todos según la necesidad de cada uno, perseverando unánimes cada día en el templo, y partiendo el pan en las casas, comían juntos con alegría y sencillez de corazón, alabando a Dios, y teniendo favor con todo el pueblo" (Hechos 2:44).

¡Oh, cuánto desearía el cristianismo moderno pasar por esta experiencia! El mundo dice que, para tener gozo en la vida, necesitas tener 'ahora mismo', las cosas que deseas. Pero, la vida cristiana dice algo diferente. Uno puede experimentar un gran gozo, simplemente anticipando por fe lo que Dios ha prometido darnos. Sin embargo, la vida de los nuevos creyentes no era fácil. Siendo perseguidos por su fe, los verdaderos creyentes vivían por la fe. "Miles de cristianos eran encarcelados y muertos, pero otros los reemplazaban. Y los que sufrían el martirio por su fe quedaban asegurados para Cristo… El ejemplo que daban en vida y su testimonio al morir eran una constante atestación de la verdad; y donde menos se esperaba estandarte de Cristo".[3]

"Pero la persecución produjo un efecto contrario al deseo que la originó. Los miembros de la iglesia de Jerusalén fueron esparcidos por toda Judea y Samaria, por donde iban predicando. Felipe fue a Samaria en misión, y hubo allí un gran despertamiento espiritual. Se estaba realizando allí el cumplimiento de la comisión del Señor de predicar el evangelio en Jerusalén, Judea, Samaria y hasta los últimos extremos de la tierra (Hechos 1:8)".[4]

Pedro, Pablo, Juan y el resto de los apóstoles, predicaron incesantemente y algunos de ellos dieron su vida en el martirio. En la Cárcel Mamertina en Roma, se sabe que estuvieron sus últimos días los apóstoles Pedro y Pablo. Cuando estaba el apóstol Pablo listo para recibir la pena capital escribió: "Porque yo ya estoy siendo derramado, y el tiempo de mi partida es inminente. He peleado la buena batalla, he acabado la carrera, he guardado la fe. Por lo demás, me está guardada la corona de justicia, la cual me dará el Señor, el juez justo, en aquel día; y no sólo a mí, sino también a todos los que aman su venida" (II Timoteo 4:6-8).

¡Qué fe genuina la de estos apóstoles y discípulos de la iglesia primitiva! Iban a la muerte con una paz sin igual. Sus últimos momentos demostraron cómo muere alguien que está seguro de la salvación que Cristo otorga gratuitamente. "El apóstol fue conducido secretamente al lugar de ejecución. A pocos se les permitió presenciarla, porque alarmados sus perseguidores por la amplitud de su influencia, temieron que el espectáculo de su muerte ganara más conversos al cristianismo… Para algunos de los circunstantes fue sabor de vida para vida el contemplar su martirio, su espíritu de perdón para con los verdugos y su inquebrantable confianza en Cristo hasta su último momento. Varios de ellos aceptaron al Salvador predicado por Pablo, y no tardaron en sellar intrépidamente su fe con su sangre".[5]

Al contemplar los siglos pasados y vivir en los últimos tiempos, podemos ver la influencia de los primeros cristianos. Las voces de los mártires de la iglesia cristiana primitiva vibran a través del tiempo despertando el interés a millones de perdidos. La verdad que Cristo es lo que el mundo más necesitaba. Al reflexionar sobre la vida de Cristo, recuerdo el pasaje del libro de Lucas, capítulo 2, versículos 43 y 44, donde dice: "Al regresar ellos, acabada la fiesta, se quedó el niño Jesús en Jerusalén, sin que lo supiesen José y su madre, y pensando que estaba entre la compañía, anduvieron camino de un día; y le buscaron entre los parientes y los conocidos". Se aproximaba la Pascua. José y María se dirigieron a Jerusalén para tomar parte en las celebraciones tradicionales. Después de concluidas, iniciaron el cansador viaje de regreso, pero la alegre asociación con muchos otros peregrinos, que también retornaban a Nazaret, les hizo perder de vista a Jesús. Sólo al fin de la jornada de un día, cuando llegó la noche, se dieron cuenta con angustia, que habían perdido a Jesús.

Eran dedicados, piadosos y fieles y, sin embargo, ¡perdieron a Jesús! y, ¿por qué lo perdieron? Si hubiesen andado con él, sin duda no lo habrían perdido. Hoy muchos de nosotros que miramos hacia atrás, al momento cuando lo dejamos a Jesús; y nos entristecemos al pensar en los males que nos sobrevinieron como resultado de haberlo perdido. José y María pensaron que el niño los acompañaba en medio de la multitud. Muchos creyentes caminan descuidados, por lugares dudosos, creyendo que Jesús los acompaña en medio de la multitud. No debemos, por tanto, fundar nuestra experiencia cristiana, en meras suposiciones. ¡Cuidado con las falsas suposiciones! El Salvador afirmó: "No todo el que me dice: Señor, Señor... entrará en el reino de los cielos, sino el que hace la voluntad de mi Padre que está en los cielos. Muchos me dirán en aquel día: Señor, Señor, ¿No profetizamos en tu nombre, y en tu nombre echamos fuera demonios, y en tu nombre hicimos muchos milagros? Entonces les declararé: "Nunca os conocí; apartaos de mí, hacedores de maldad" (Mateo 7:21-23).

Jesús se refiere aquí a algunos predicadores y obradores de milagros, famosos por sus grandes hechos, que se perdieron, suponiendo que todo estaba bien en su vida. A veces como cristianos suponemos que todo está bien, porque somos miembros de una iglesia. José y María no percibieron la ausencia de Jesús, hasta que anocheció. Sombríos presagios llenaron su corazón. Todo había marchado normalmente durante el día. Llegó sin embargo la noche y con ella echaron de menos a Jesús. ¡Qué melancólica es la condición de una persona que llega al fin de la jornada de un día, sin la compañía divina! ¡Qué fatal es el engaño de que el hombre puede prescindir de Dios!

"Cuando Rudyard Kipling (1865–1936), el genio de la literatura universal, visitó los Estados Unidos por última vez, fue abatido por una seria enfermedad. Mientras ardía de fiebre, recibió la visita de un médico. Era medianoche. Después de meditarlo, el médico le recomendó reposo absoluto, pero a medida que las horas pasaban, en su delirio, el paciente murmuraba: "Yo... Necesito..." La enfermera no se atrevía a interrogarlo acerca de cuál era su necesidad, pero ya que él insistía en repetir las palabras: "Yo... Necesito...", ella se atrevió a preguntarle en un susurro: "¿Qué es lo que necesita?" A lo que el enfermo respondió inmediatamente y sin titubeos: "Yo necesito a Dios".[6] ¡Cuánto necesitamos de Dios, especialmente cuando nos encontramos en el "valle de sombra o de muerte", o cuando las oscuras tinieblas de aflicciones nos circundan el corazón! Muchos llegan al fin del día de prosperidad y repentinamente descubren que todos los bienes materiales no existen más. En medio de las tinieblas de la noche, buscan el auxilio de una mano amiga, angustiados. Muchos descienden al valle tenebroso de la aflicción para decir adiós a un ser amado, que parte arrebatado por la muerte, y jamás encuentran consuelo, porque perdieron la compañía de Jesús. Nada resulta más insensato que esperar la tenebrosa noche de la prueba, para entonces buscarlo. Ese fue el problema de José y María. Descubrieron la ausencia de Jesús, sólo cuando el manto de la noche descendió sobre ellos. ¿Es la compañía de Jesús en nuestras vidas, una mera suposición, o una alentadora realidad?

La experiencia genuina del primer siglo de la era cristiana no se ha vuelto a reproducir y no hay muchos esfuerzos para tratar de emularla. El evangelio sencillo ha sido substituido por uno complicado, lleno de formalismos, tradiciones de hombres y un espíritu de soberbia como nunca antes. Veremos en los próximos capítulos una madre iglesia, caída con sus hijas, diluyendo la verdad con una copa llena de abominaciones. Pero Dios promete que el tiempo del Pentecostés volverá a ocurrir antes del fin. ¡Oh, cuánto anhelamos tal evento!

Referencias

1 Walker, Williston. *Historia de la Iglesia Cristiana*, p. 2, 9.
2 McGrath, Alister E. (2006). *Christianity: An Introduction*. (Blackwell Publishing), p. 174.
3 White, Elena G., *Conflicto de los Siglos*, p. 46.
4 Vos. *Breve Historia de la Iglesia*, p. 9.
5 White, Elena G. *Hechos de los Apóstoles*, p. 406.
6 De Oliveira, Enoch (2001). *¡Buenos días, Señor!* (México: Asociación Publicadora Interamericana), p. 59.

CAPÍTULO

II

LA SEPARACIÓN GRADUAL

CAPÍTULO II | LA SEPARACIÓN GRADUAL

El mensaje de los tres ángeles del Apocalipsis es claro en sus amonestaciones. La hora de su juicio ha llegado, ha caído Babilonia, salid de ella pueblo mío. Este sistema adulterado ha afectado todas las fases de la historia. Hemos sentido y probado amargamente su influencia desde Cristo hasta el día de hoy. ¿Cómo pudo una iglesia pura, llena de amor y compasión terminar siendo un epítome de apostasía, adulterio y desfiguración del carácter de Dios?

¡Sí! Tristemente, la iglesia cristiana quitó sus ojos de Cristo y los puso en hombres falibles que supuestamente representaban al Salvador. Cuando el último apóstol murió alrededor del año 96 d.C. (me refiero a Juan), se desencadenó un poder sutil y misterioso, que fue infiltrando poco a poco las filas del cristianismo. Los cambios a las verdades fundamentales de las Sagradas Escrituras fueron graduales, pero certeros. Todo lo que molestaba era substituido por algo que acarreaba la agenda del hombre de pecado. A través de los primeros tres siglos, los padres de la iglesia empezaron a batallar entre sí por la hegemonía y preeminencia. Obispos o presbíteros de los centros más importantes de Europa, Asia Menor y el norte de África, empezaron a discutir en puntos de fe y a poner en tela de juicio las verdades fundamentales para la salvación de la humanidad. Existían 3 lugares principales que luchaban entre si. Me refiero a Alejandría, Antioquía, y Roma. Luego, cuando Constantino, el primer emperador Romano se convirtió al cristianismo, fundó su capital y la llamó Constantinopla. Esta ciudad también empezó a luchar por la hegemonía del cristianismo.

La salvación por la fe pasó a ser salvación por obras humanas. La divinidad de Cristo fue cuestionada. El Arzobispo de Alejandría fue el que propuso la doctrina que proclamaba a María la "Theotokos" o sea, madre de Dios. Esta doctrina fue proclamada como dogma en el 431 d.C. en el Primer Concilio de Laodicea. San Cirilo también presidió bajo la autoridad del obispo Celestino. Pero su gran oponente fue Nestoréo, el Patriarca de Constantinopla, quien decía que solo Cristo era nuestro Mediador. La mezcla de la política y la iglesia hizo del cristianismo un movimiento adulterado, apóstata y peligroso, de tal manera que muchos veían esta mezcla como la Gran Babilonia del Apocalipsis. Todo esto fue predicho por la segunda carta a los Tesalonicenses 2:3-5, donde dice:

"Nadie os engañe de ninguna manera; porque esto no sucederá sin que venga primero la apostasía y se manifieste el hombre de iniquidad, el hijo de perdición. Este se opondrá y se alzará contra todo lo que se llama Dios o que se adora, tanto que se sentará en el templo de Dios haciéndose pasar por Dios. ¿No os acordáis que mientras yo estaba todavía con vosotros, os decía esto?"

Y de los versículos del 9 al 12 vemos que la apostasía sería manifiesta en una secuencia de eventos: "El advenimiento del inicuo es por operación de Satanás, con todo poder, señales y prodigios falsos, y con todo engaño de injusticia entre los que perecen, por cuanto no recibieron el amor de la verdad para ser salvos. Por esto, Dios les enviará una fuerza de engaño para que crean la mentira, a fin de que sean condenados todos los que no creyeron a la verdad, sino que se complacieron en la injusticia".

Ahora, ¿qué revela la historia? El autor W.E. Vine, nos dice: "Del seno de las ruinas del imperio Romano surgió gradualmente un nuevo orden de naciones cuyo punto central era la santa sede en Roma. Por lo tanto, resultó una formación política no solamente nueva, sino inevitablemente diferente de la anterior".[1]

El apóstol Pablo alude a este proceso de apostasía en forma patética diciendo en Hechos 20:28-30: "Tened cuidado por vosotros mismos y por todo el rebaño sobre el cual el Espíritu Santo os ha puesto como obispos, para pastorear la iglesia del Señor, la cual adquirió para Sí mediante su propia sangre. Porque yo sé que después de mi partida entrarán en medio de vosotros lobos rapaces que no perdonarán la vida al rebaño; y que de entre vosotros mismos se levantarán hombres que hablarán cosas perversas para descarriar a los discípulos tras ellos".

Uno de los padres de la iglesia Cristiana, llamado Jerónimo (340–420 d.C.), escribió: "Pero nuestro [pueblo] piensa que todas estas cosas se profetizan acerca del anticristo, quien existirá en el último tiempo".[2]

"En el intervalo entre los días de los apóstoles y conversión del emperador Constantino al cristianismo, ritos y ceremonias de los cuales ningún apóstol nunca escuchó, con sutileza entraron y se convirtieron en práctica, diciendo que eran de origen divino. Es interesante destacar cuán a menudo nuestra Iglesia se ha valido de prácticas que eran de uso común entre los paganos... Así es, en cierto sentido, que algunos ritos y ceremonias cristianas son una reproducción de esos credos paganos; pero son la adaptación de lo que era mejor del paganismo, el mantenimiento de las prácticas simbólicas que expresan el instinto religioso que es común a todas las razas y épocas".[3]

Dios contesta a esta afirmación en forma decisiva cuando dice: "Guardad, pues, mi ordenanza, no haciendo las costumbres abominables que practicaron antes de vosotros, y no os contaminéis en ellas. Yo JEHOVÁ vuestro Dios" (Levítico 18:30).

En su tiempo, el venerable Beda (673–735 d.C.), historiador inglés, al ver la apostasía del cristianismo, expuso que el segundo advenimiento seguiría a un tiempo de apostasía, cuando Cristo vendría en majestad, después de la destrucción del anticristo. En tiempos modernos, cuando salió la segunda edición del Catecismo, me impactó el inciso número 982, donde dice:

"No hay ofensa alguna, no importa cuán seria, que la iglesia no pueda perdonar". De esta manera se quita de Cristo el poder absoluto del perdón y se lo pone en una institución para que decida el veredicto hacia el pecador.

¡Oh, cómo el cristianismo fue adulterándose poco a poco a través del primer milenio de existencia! Llegó al punto que los pudientes tenían más acceso a la salvación que el resto de la población. Pero, todo cristiano con raciocinio y libertad de expresión sabe muy bien que la "Salvación pertenece a Jehová" (Jonás 2:10), y no a un mortal.

I de Juan 2:1 nos dice: "Hijitos míos, estas cosas os escribo para que no pequéis. Y si alguno peca, abogado tenemos delante del Padre, a Jesucristo el justo. El es la expiación por nuestros pecados, y no solamente por los nuestros, sino también por los de todo el mundo".

No existe otro mediador ni substituto. Cristo es el camino, la verdad y la vida, la esperanza para un mundo perdido. El libera al cautivo del pecado y la oscuridad. Sus palabras son fuente de vida, los poderes malignos se doblegan ante El. Este hombre es el Salvador de mi alma y la tuya, el que mora y reina en mí y su nombre es: Jesús.

"Jesús no fue escritor, sin embargo, se lo cita más que a cualquier escritor de la historia, y Sus palabras se han extendido a los más remotos límites de la tierra, y han sido traducidas a todos los idiomas y casi todos los dialectos. No pintó ningún cuadro, sin embargo, las pinturas de Rafael, Miguel Ángel y Leonardo da Vinci, se inspiraron en El. No escribió ninguna poesía, sin embargo, Dante, Milton y veintenas de los mayores poetas del mundo, fueron inspirados por Su vida. No compuso ninguna música, pero Haydn, Handel, Beethoven, Bach y Mendelson alcanzaron su más alta perfección de melodía en los himnos, las sinfonías, y los oratorios escritos en su alabanza".[4]

"Cristo no vino a la tierra como rey, para gobernar a las naciones. Vino como hombre humilde para ser tentado y para vencer la tentación; para que sigamos en pos de él, como debemos ir, para conocer al Señor. En el estudio de la vida de Jesús aprenderemos cuánto hará Dios por su medio, en favor de sus hijos. Y sabremos que por grandes que sean nuestras pruebas, no pueden exceder a lo que Cristo soportó para que pudiésemos conocer el camino, la verdad y la vida. Mediante una vida de conformidad con su ejemplo, hemos de mostrar nuestro aprecio por el sacrificio que hizo en nuestro favor".[5]

Esto es, lo que el verdadero e incorruptible cristianismo ofrece: ¡Un modelo perfecto, el perdón de los pecados, el descanso del alma, un consolador, un compañero, un Salvador, y luego la Vida Eterna!

En el libro de 1 Corintios capítulo 9 y versículo 24-27, el apóstol Pablo dice así: "¿No sabéis que los que corren en el estadio, todos a la verdad corren, pero uno solo se lleva el premio? Corred de tal manera que lo obtengáis. Todo aquel que lucha de todo se abstiene; ellos, a la verdad, para recibir una corona corruptible, pero nosotros, una incorruptible. Así que, yo de esta manera corro, no como a la ventura; de esta manera peleo, no como quien golpea el aire, sino que golpeo mi cuerpo, y lo pongo en servidumbre, no sea que habiendo sido heraldo para otros, yo mismo venga a ser eliminado".

Como ciudadano del mundo grecorromano, el apóstol Pablo estaba bien al tanto de lo que eran los juegos olímpicos. El origen de esas competencias se pierde en la bruma de la antigüedad. Algunos piensan que hay evidencias arqueológicas para creer que se celebraban inclusive ya en el año 111 a.C. Sea como fuere, los griegos comenzaron su cómputo del tiempo con la primera olimpiada, es a saber, el año 776 antes de Cristo. Ese año Coroebus, un joven procedente de Elis, ganó lo que podríamos denominar la carrera de doscientos metros en una pradera junto al río Alfeo, al pie del monte Olimpo. El entrenamiento de los atletas que participaban en estas competencias era sumamente estricto. Tal como lo indica Pablo, tenían que someterse a un periodo de preparación de diez meses de duración, e inmediatamente antes de las competencias, su alimentación y su ejercicio estaban de acuerdo con una cantidad de reglas estrictas. A menudo los corredores se entrenaban con objetos pesados atados a las piernas, con la idea de que cuando esos pesos desaparecieran, podrían correr más rápidamente. El premio que recibían como recompensa por toda esa dura disciplina y abnegación y esfuerzo, consistía en una corona de laurel que se secaba muy pronto. En cambio, el apóstol Pablo insta a los cristianos a luchar por una corona que perdurará para siempre.

En Apocalipsis 2:10 se llama: "La corona de la vida". Al instar a sus lectores que corran "para lograr el premio", el apóstol quiere decir que en la carrera cristiana debemos participar para ganar. Dios no aceptará menos que lo mejor que podamos haber logrado por su gracia. Cristo se encargará de todo lo que necesitemos para ganar.

En los juegos olímpicos, solo un participante recibía el premio o corona de laurel. Pero no ocurre lo mismo en la carrera cristiana. Todos los que participen pueden lograr la vida eterna, pero solo los que corran con la fe puesta o fundada en Cristo, la alcanzarán.

Como sabemos, a los griegos les gustaban las competencias atléticas y algunas de sus leyendas están entrelazadas con ellas. De acuerdo con una de estas, Atalanta, una hermosa joven, desafió a todos sus pretendientes a correr con ella. El premio que ofreció al ganador, era ella misma. De acuerdo con la leyenda, muchos atletas trataron de conseguirla, pero nadie lo logró, hasta que apareció Hipómenes.

En el día de la carrera, Hipómenes apareció con tres manzanas de oro. Los espectadores, al ver a los participantes, se preguntaron ¿para qué serían? Pronto lo descubrieron. Cuando comenzaron a correr, Atalanta, la más rápida de los dos, tomó la delantera y comenzó a alejarse de Hipómenes. En vista de esto el joven lanzó una de sus manzanas de oro con suficiente fuerza como para que se adelantara a Atalanta. Cuando la manzana pasó junto a la joven, esta la miró sorprendida, titubeó un momento y se detuvo para recogerla. Hipómenes aprovechó para adelantarse, pero Atalanta rápidamente recuperó el espacio perdido y de nuevo se adelantó a Hipómenes.

Este lanzó la segunda manzana. De nuevo Atalanta aminoró la carrera y recogió la manzana, y otra vez Hipómenes ganó la delantera. Los participantes se estaban acercando a la meta, Atalanta una vez más había logrado adelantarse, cuando Hipómenes lanzó su última manzana; esta vez su vacilación fue mayor. ¿Podría recoger la manzana y ganar la carrera? Posiblemente pensó, que en vista de que ya lo había hecho dos veces, podría hacerlo una tercera vez, pero en esta ocasión, no pudo ganar la delantera y perdió la carrera.

La carrera cristiana en cierto modo se parece a la competencia entre Atalanta e Hipómenes. Satanás sabe que si puede lograr que apartemos la vista de Jesús, conseguirá que perdamos la carrera cristiana. No permitamos que nos distraiga con manzanas de oro. Mantengamos la vista fija en Jesús. "Retén lo que tienes para que ninguno tome tu corona" nos dice Apocalipsis 3:11.

Referencias

1 Vine, W.E. *The Church and Churches*, pp. 42, 43.
2 San Jeronimo 340-420 d.C.
3 Sullivan, John F. *Externals of the Catholic Church*, p. 156.
4 Jeffley, James C. *Una Vida Solitaria*, James C. Jeffley, citado en *Great Words of The New Testament*, J.B. Fowler.
5 White, Elena G. *Mensaje para los Jóvenes*, pp. 16-18.

CAPÍTULO

III

EL DESCENSO GRADUAL

CAPÍTULO III | EL DESCENSO GRADUAL

Piensa en esto: Alfonso María de Ligorio (1696–1787), fundador de los redentoristas, escribió lo siguiente: "Así el sacerdote puede, en cierta forma, ser el creador de su creador; pues por decir las palabras de consagración, él crea a Jesús en el sacramento, dándole existencia sacramental, y hace de él una víctima para ser ofrecida ante el Padre eterno".[1]

"Decía San Pedro Julián Eymard que el sacerdocio es la mayor dignidad que hay en la tierra. Es mayor que la de los reyes, pues su imperio se ejerce sobre las almas... El ángel sirve al sacerdote; el demonio tiembla ante él; la tierra lo mira como salvador y el cielo lo ve como príncipe que conquista elegidos. Jesucristo ha querido que sea otro Él mismo (otro Cristo en la tierra); es un Dios por participación, es Jesucristo en acción".[2]

"Al santo cura de Ars le gustaba decir: El sacerdote es un hombre revestido de todos los poderes de Dios. Al sacerdote no se le podrá comprender bien más que en el cielo. Cuando celebra la misa, él hace más que si creara un mundo nuevo. Si yo encontrara un sacerdote y un ángel, yo saludaría primero al sacerdote y después al ángel. Algo parecido decía también la beata Crescencia Höss y San Francisco de Asís".[3]

Partimos diciendo que el fundamento del sistema Babilónico es la esencia que llevó al cristianismo al descenso funesto, porque este sistema se basa en la autoridad del hombre, la palabra del hombre, las obras del hombre, la ley del hombre y las tradiciones de los hombres. Toda apostasía es una rebelión directa hacia el carácter del Padre celestial. Lucifer en el cielo dijo que las leyes de Dios eran injustas y nadie podía guardarlas. Ofreció un nuevo gobierno con libertades de expresión en contra del trono celestial. Su rebelión arrastró a una tercera parte de los ángeles celestiales. El quiso ser igual que Dios y usurpar el lugar de Cristo. Lo mismo enseña el falso sistema Babilónico. Pero vayamos hacer un recorrido histórico de los peldaños pisados por el cristianismo para transformarse en el descenso hacia la caída de Babilonia.

PRIMER PELDAÑO

Nos transportamos al tiempo del emperador Diocleciano y la gran persecución contra los cristianos. "Su fama se caracterizó por ser emperador romano y perseguidor de la Iglesia. Sus padres habían sido esclavos. Nació en Dioclea, cerca de *Salona*, en *Dalmacia* (Croacia), el año 245 d.C. y murió en Salona, el año 313 d.C. Se hizo militar y sus habilidades sobresalientes lo llevaron a ocupar los puestos de gobernador de Moesia, cónsul, y comandante de los guardias del palacio. Se distinguió especialmente durante la guerra persa, a las órdenes de Caro. Cuando el hijo y sucesor de Caro, Numerio, fue asesinado en Calcedonia, el ejército escogió a Diocleciano para ocupar su lugar, y el primer acto de éste fue dar muerte, con su propia mano, al asesino de Numerio, Aper (17 de septiembre del 284 d.C.). El triunfo que Diocleciano celebró en compañía de su colega Maximiano (20 de noviembre de 303 d.C) fue el último que Roma pudo contemplar. Bretaña, el Rhin, el Danubio y el Nilo le brindaron trofeos, pero la conquista que más lo enorgulleció fue la de Persia, el ancestral enemigo de Roma, que fue finalmente subyugada".[4]

Fue Galerio uno de los tetrarcas elegidos por Diocleciano quien lo indujo a convertirse en perseguidor. Estos dos gobernantes del

Oriente decidieron abolir el cristianismo en todo el Imperio. La catedral de Nicodemia fue arrasada el 24 de febrero de 303 d.c. Eusebio lo explica con más detalles: "Se promulgó un edicto para derribar todos los templos hasta sus cimientos y destruir con fuego las Sagradas Escrituras, y recomendando que quienes se encontraban en puestos de honor fueran degradados si perseveraban en su adhesión al cristianismo".[5] De verdad fue una época llena de pruebas y peripecias para los cristianos. Tres decretos ulteriores (303-304 d.C) señalaron las etapas de incremento en la crueldad de la persecución: "El primero ordenaba que los obispos, presbíteros y diáconos fueran puestos en prisión; el segundo, que los mismos fueran torturados y forzados por cualquier medio a sacrificar a los ídolos; el tercero incluía tanto a los laicos como al clero. Eusebio y las Actas de los Mártires dan testimonio de la enorme crueldad con que estos edictos eran puestos en vigor y del gran número de los que sufrieron por la fe. En ellos podemos leer, incluso, acerca de la masacre de toda una población que decidió declararse cristiana".[6]

Al abdicar Diocleciano, el imperio comenzó a fragmentarse al punto que empezó una guerra civil entre generales por el control del imperio. Entre ellos estaba Constantino, un destacado general que fuera nombrado por sus tropas como César. Constantino tuvo que luchar principalmente en contra de Majencio y luego contra Licinio, contrincantes espléndidos.

"Constantino, quien hasta entonces se había limitado a defender su propia frontera contra los Germanos, no había tomado aún parte en las disputas de los otros pretendientes del trono. Sin embargo, en el 311, vio la guerra como algo inevitable cuando Galerio, el Augusto de más edad y el más violento perseguidor de los cristianos, sufrió una miserable muerte luego de cancelar sus edictos contra los cristianos, y cuando Majencio, luego de derribar las estatuas de Constantino, lo proclamó como un tirano. A pesar de que sus ejércitos eran muy inferiores a los de Majencio ya que contaba, de acuerdo con varios testimonios, con 25,000 hombres, mientras que

Majencio contaba con 190,000 hombres fuertemente armados, no dudó en iniciar rápidamente su marcha hacia Italia en la primavera del 312 d.C".[7] "Una visión le había asegurado que conquistaría en el nombre de Cristo, por tanto, sus guerreros llevaban el monograma de Cristo en sus escudos, a pesar de que la gran mayoría eran paganos.

Antes de que Constantino avanzara en contra de su rival Majencio y de acuerdo con las antiguas costumbres, convocó a los arúspices, los cuales profetizaron el desastre de acuerdo con un panegirista pagano. Sin embargo, cuando los dioses le negaban su ayuda, hubo un dios en particular que lo animó ya que Constantino tenía cercana relación con dicha divinidad".[8]

Nos narran la manera cómo la conexión con dicha deidad se manifestó. El primero dice que fue en un sueño, el segundo a través de una visión como una manifestación celestial, una luz brillante en la cual vislumbró a la cruz o al monograma de Cristo. Fortalecido con dicha aparición, Constantino avanzó corajudamente a la batalla, venció a su rival y conquistó el poder supremo. "Después de esta victoria Constantino se bautizó. Posteriormente cuando el emperador reflexionaba respecto a la visión, le fue claro que la cruz llevaba la inscripción IN HOC SIGNES VINCES (con este signo conquistarás)".[9]

"Las dos fuerzas en conflicto se encontraron cerca del puente sobre el río Tíber, denominado el Puente Milviano. Fue aquí donde las fuerzas de Majencio sufrieron la derrota definitiva, habiendo el tirano perdido su vida en el Tíber (Octubre 28 del 312 d.C.). El vencedor inmediatamente ofreció prueba de su gratitud al Dios de los Cristianos, el cual fue a partir de ese momento tolerado en todo el imperio (Edicto de Milán, a inicios del 313)".[10]

Quedó Licinio como único sobreviviente de los Tetrarcas de Diocleciano. Constantino tomó la traición de Licinio como un insulto y decidió eliminarlo del mapa. Con sutileza acostumbrada, Constantino decidió darle un golpe certero en Cibala en Octubre

8 del 314 d.C. y en Castra Jarba en Noviembre del 314 d.C., pero no hubo una victoria congruente. En el 322 Constantino reunió una infantería de 125,000 hombres y una caballería de 10,000. Adicionalmente, armó 200 barcos para lograr el control del Bósforo y se fue a la guerra. Los dos ejércitos se encontraron en Adrianópolis el 3 de Julio del 324 d.C., donde las bien disciplinadas tropas de Constantino vencieron a las de Licinio. Luego Constantino cruzó el Bósforo, dejando atrás tropas suficientes para mantener el bloqueo de Bizancio y enfrentó al cuerpo principal de Licinio en Chrisópolis, cerca de Calcedonia. De nuevo arrasó con una derrota apabullante, matando 25,000 hombres y desbandando la mayoría de los sobrevivientes. Licinio huyó a Nicomedia con 30,000 hombres, sin embargo, se dio cuenta que cualquier resistencia sería inútil.

Finalmente, Constantino llegó a ser la sola autoridad en el imperio. Así se abrió paso para que se desencadenaran los primeros eventos que llevarían a la iglesia cristiana a la apostasía. Ahora el cristianismo tenía el apoyo completo del poder civil hasta para dictaminar leyes y controlar la conducta humana a través del imperio. El clero llegó a ser poderoso peleándose entre sí, para ver quién tenía la última palabra. La mezcla de estos dos poderes formó una alianza que hasta el día de hoy vemos su influencia en la política mundial.

SEGUNDO PELDAÑO

Una vez que Constantino se convirtió en cristiano, los efectos de los cambios y edictos se sintieron inmediatamente. En el 336 d.C., durante el Concilio de La Odisea, se cambió el día de adoración sagrado del sábado al domingo, sin autoridad Divina. El edicto de Constantino y apoyado por el cristianismo decía: "En el venerable día del sol que todos los magistrados y el pueblo en las ciudades descansen y todos los talleres estén cerrados".[11]

"La iglesia, después de cambiar el día de reposo del sábado

judaico, o séptimo día de la semana, al primero, hizo que el tercer mandamiento se refiriera al domingo como el día que ha de ser guardado como día del Señor".[12]

A pesar del cambio, muchos todavía reconocen el día de reposo como el sábado. El famoso historiador, el Cardenal Gibbons, escribió lo siguiente: "Usted puede leer la Biblia desde el Génesis al Apocalipsis sin encontrar una sola línea que autorice la santificación del domingo. La escritura exige la religiosa observancia del sábado".[13]

En el libro de Daniel el profeta nos asegura en el capítulo 7 que un poder siniestro iba aparecer y hacer los cambios de la ley: "El hablará palabras contra el Altísimo y oprimirá a los santos del Altísimo. Intentará cambiar las festividades y la ley; en su mano serán entregadas durante un tiempo, tiempos y la mitad de un tiempo. Pero el tribunal se sentará, y le será quitado su dominio para ser exterminado y destruido por completo (Daniel 7:25,26)".

Es notable también como el profeta Ezequiel apunta adonde y de qué manera ocurrirían estos cambios: "Sus sacerdotes violaron mi ley, y contaminaron mis santuarios; entre lo santo y lo profano no hicieron diferencia, ni enseñaron a distinguir entre inmundo y limpio; y de mis sábados apartaron sus ojos, y yo he sido profanado en medio de ellos (Ezequiel 22:26)". Y esto que fue predicho mucho antes, se cumplió con el siguiente edicto promulgado por la iglesia: *"Si cada domingo debe ser observado alegremente por los cristianos conmemorando la resurrección, entonces cada sábado por ser su sepultura debe ser considerado excremento de los judíos"*.[14] Podemos ver también que Dios responde de una manera directa a estos falsos maestros: en "Yo soy Jehová y no cambio" (Malaquías 3:6).

Cristo en su sermón del monte, añadió lo siguiente en forma enfática: "No penséis que he venido para abrogar la Ley o los Profetas. No he venido para abrogar, sino para cumplir. De cierto os digo que hasta que pasen el cielo y la tierra, ni siquiera una jota ni una tilde pasará de la Ley hasta que todo haya sido cumplido. Por lo tanto, cualquiera que quebranta el más pequeño de estos mandamientos y así enseña a los hombres, será considerado el más pequeño en el reino de los cielos. Pero cualquiera que los cumple y los enseña, éste será considerado grande en el reino de los cielos" (Mateo 5:17-19).

Qué hermosas son las insuperables palabras pronunciadas por los Bautistas del Sur: "¡No fue la primera parte de un sistema religioso, porque el sábado es una institución enteramente independiente! En Génesis se la presenta como la primera institución inaugurada por el mismo Creador. Fue puramente religioso, totalmente moral, totalmente espiritual. No es un sacramento, ni una ceremonia. Fue creado para que el hombre llegase a ser un amigo y administrador del Creador".[15]

Por eso el apóstol Juan fue tan enfático cuando escribió: "El que dice: "Yo le conozco" y no guarda sus mandamientos es mentiroso, y la verdad no está en él" (I Juan 2:4).

El descenso del cristianismo seguía en forma acelerada. Digo esto, porque cuando uno quita los ojos de Cristo la apostasía sigue hasta que nos arrastra a la destrucción. Ya no existe el punto de partida, me refiero a la Roca, que es Cristo Jesús, el Señor del sábado. Por consiguiente, los hombres toman el lugar que no les corresponde. ¡Y así la caída es inminente!

TERCER PELDAÑO

Para el 337 d.C. se empieza adorar a ciertos santos, esto fue en parte por la influencia del Primer Concilio de Nicea. Se comenzó a substituir a Cristo por mediadores que vivieron en el pasado. Pero esto no se oficializó hasta el siglo VIII en el Segundo Concilio de Nicea. La sangre de Cristo no era suficiente para el perdón de los pecados. El resultado fue entonces elaborar un sistema complicado que solo el clero podía interpretar. La sencillez del evangelio fue substituida por tradiciones de hombres. Y el descenso continuó a pasos furtivos hacia la apostasía. Entonces, ¿cómo fornicó el cristianismo? Podemos decir que el desobedecer conscientemente la verdadera Palabra de Dios resultó en fornicación espiritual. La iglesia no llevó la Palabra de Dios en forma completa a sus fieles. No les era placentero el verdadero camino a la salvación y les convenía más presentar a otro mediador entre Dios y el hombre. I de Timoteo 2:5 refuta tal aseveración: "Porque hay un solo Dios y un solo mediador entre Dios y los hombres, Jesucristo hombre". Un día quedé impactado cuando leí un famoso documento del cristianismo.

Me pregunté: ¿Cómo pudo ser que los seres humanos perdieran de vista a un Dios que lo dio todo por cada uno de nosotros? Este edicto lo incluyo en este libro no como represión, sino para que meditemos y cambiemos de rumbo nuestra relación con Dios: "El obispo de Roma es como si fuera Dios sobre la tierra, único soberano de los fieles de Cristo, jefe de los reyes, tiene plenitud de poder, a él le ha sido encomendada por Dios omnipotente la dirección no sólo del reino terrenal sino también del reino celestial... El puede modificar la ley divina, ya que su poder no es de hombre sino de Dios, y actúa como vice-regente de Dios sobre la tierra con el más amplio poder de atar y soltar a sus ovejas. Cualquier cosa que se diga que hace el Señor Dios mismo, y el Redentor, eso hace su vicario, con tal que no haga nada contrario a la fe".[16] Aquí vemos que el pastorado del cristianismo universal asumió el papel que no le pertenece a ningún hombre. Digo esto porque el único que tiene poder para perdonar es Cristo que murió en la cruz del Calvario. Jesús le dijo a Pedro, de acuerdo al griego original:

"Tu eres *Petros (piedrecita), y sobre esta Petra (Roca o sea Cristo) edificarás mi iglesia*" La iglesia no sería fundada sobre el apóstol Pedro sino sobre Cristo, nuestro Redentor. El Señor le aclara a Pedro sin duda alguna que la iglesia sería fundada sobre los hombros de Cristo y ningún otro mediador. ¡Qué hermosa promesa nos ha dado nuestro Salvador! No hay lugar para duda; ¡no hay lugar para descarriarse! ¿Por qué? "Porque todo lo puedo en Cristo que me fortalece" (Filipenses 4:13).

CUARTO PELDAÑO

Próximamente, la iglesia necesitaba un sistema de orar a Dios que cautivara y cauterizara las mentes, creando un ambiente místico para la intercesión de nuestros pecados. Entonces poco a poco se introdujo el Rosario. El cristianismo también prestó de los pueblos paganos esta costumbre para atraer a los no conversos. Aunque no se pueda dar una fecha exacta, podemos decir que en el siglo IV y V empezaron a proliferarse las oraciones repetitivas, dedicadas a la virgen María. Los Padres Monásticos en los desiertos del Medio Oriente, anteriormente comenzaron a practicar estas plegarias repetitivas pensando que a Dios le complacía el esfuerzo, la dedicación y la insistencia para que finalmente El se dignara contestar.

Pero Cristo, en su sermón del monte, enseñó la dinámica de la oración a los presentes. También aconsejó amorosamente lo que no le agradaba al Padre Celestial cuando dijo lo siguiente: "Cuando oréis, no seáis como los hipócritas, que aman orar de pie en las sinagogas y en las esquinas de las calles, para ser vistos por los hombres. De cierto os digo que ya tienen su recompensa. Pero tú, cuando ores, entra en tu habitación, cierra la puerta y ora a tu Padre que está en secreto; y tu Padre que ve en secreto te recompensará. Y al orar, no uséis vanas repeticiones, como los gentiles, que piensan que serán oídos por su palabrería. Por tanto, no os hagáis semejantes a ellos, porque vuestro Padre sabe de qué cosas tenéis necesidad antes que vosotros le pidáis" (Mateo 6:5-8).

Si nos transportamos al Antiguo Testamento vemos el caso de Elías y los sacerdotes de Baal que pasaron horas llamando a su dios en el monte Carmelo, usando oraciones repetitivas: "Ellos tomaron el toro que les fue dado, y lo prepararon. Luego invocaron el nombre de Baal desde la mañana hasta el mediodía, diciendo: -¡Oh *Baal, Respóndenos!* Pero no hubo voz ni quien respondiese. Mientras tanto ellos danzaban junto al altar que habían hecho. Y sucedió que hacia el mediodía, Elías se burlaba de ellos diciendo: -¡*Gritad a gran voz, porque es un dios! Quizás está meditando, o está ocupado, o está de viaje. Quizás está dormido, y hay que despertarle.* Ellos clamaban a gran voz y se sajaban el cuerpo con espadas y con lanzas, conforme a su costumbre, hasta hacer chorrear la sangre sobre ellos… Entonces Elías dijo a todo el pueblo: - ¡Acercaos a mí! Todo el pueblo se acercó a él. Luego él reparó el altar de Jehovah que estaba arruinado. Elías tomó doce piedras, conforme al número de las tribus de los hijos de Jacob, a quien le vino palabra de Jehová diciendo: *"Israel será tu nombre".* Y edificó con las piedras un altar en el nombre de Jehová. Después hizo una zanja alrededor del altar, en la cual pudiesen caber dos medidas de semilla. Luego arregló la leña, cortó el toro en pedazos y los puso sobre la leña. Entonces dijo: -Llenad cuatro cántaros de agua y derramadla sobre el holocausto y sobre la leña. Luego dijo: -Hacedlo por segunda vez. Y lo hicieron por segunda vez. Dijo aún: -Hacedlo por tercera vez. Y lo hicieron por tercera vez, de modo que el agua corría alrededor del altar y llenó también la zanja. Cuando llegó la hora de presentar la ofrenda vegetal, se acercó el profeta Elías y dijo: - *¡Oh Jehová, Dios de Abraham, de Isaac y de Israel, sea hoy manifiesto que Tú eres Dios en Israel y que yo soy tu siervo; y que por tu palabra he hecho todas estas cosas! Respóndeme, oh Jehová; Respóndeme, para que este pueblo reconozca que Tú, oh Jehová, eres Dios, y que Tú haces volver el corazón de ellos.* Entonces cayó fuego de Jehová, que consumió el holocausto, la leña, las piedras y el polvo; y lamió el agua que estaba en la zanja. Al verlo toda la gente, se postraron sobre sus rostros y dijeron: -¡Jehová es Dios! ¡Jehová es Dios!" (I Reyes 18:26-39). ¿Por qué no se contestaban las oraciones de los sacerdotes de Baal? Sencillamente por dos razones principales:

La Primera Razón es que Dios no es sordo para que le repitan lo que El ya sabe de nosotros.

La Segunda razón la encontramos en el Libro de Proverbios 28:9 que lo denota en forma espeluznante: "El que aparta su oído para no oír la ley, aun su oración es abominable".

Así fue que en forma descendiente el cristianismo fue imitando las costumbres de los pueblos paganos dejando a un lado la manera sencilla de comunicarse con Dios, adoptando una rutina que tomó el lugar de una oración espontánea que sale del corazón. Ya la madre Iglesia no regresaría a las raíces de la iglesia cristiana primitiva. ¡ELLA SE CONSIDERABA MÁS IMPORTANTE QUE DIOS! Pero, había que descender aún más todavía.

QUINTO PELDAÑO

Los pueblos del norte de Europa y algunos del norte de África todavía no habían aceptado al cristianismo. Ellos tenían costumbres y creencias que no eran compatibles con la fe genuina. Eran una espina para la Iglesia Universal, porque además invadían los territorios cristianos para saquearlos. Para conquistar los corazones de estos pueblos, la iglesia empezó amalgamar las doctrinas y costumbres paganas, como ser, por ejemplo, *el purgatorio*. Cuando la iglesia hizo separación y distinción entre pecados veniales y pecados mortales se tuvo que diferenciar entre tormento temporario e infierno eterno; entre un lugar para purificarse y luego ir al cielo o pecar contra el Espíritu Santo e irse al fuego eterno. ¡Qué dilema! Digo esto porque ahora habría que calificar los pecados en categorías de importancia, relevancia, o intolerables. Muchas veces preguntamos a nuestro amigo o amiga sin prejuicio lo siguiente: *¿Hiciste pecaditos blancos o pecaditos rojos?* Y así hacemos diferencia de nivel de culpa. Me contó un amigo apostólico romano el siguiente caso, no se si sea cierto, pero es algo bien curioso para meditar. Me dijo que en la década de los 50, la ciudad de San Luis en el estado de Missouri, Estados Unidos, pasó por una gran crisis de robos. Parecía ser una epidemia sin control. El obispo de San Luis decidió promulgar como un estilo de edicto para contrarrestar esta situación. Esta promulgación consistía en lo siguiente: 'Todo aquel que robe 50 dólares o más, ese será considerado pecado mortal'. Sencillo y bien al punto, ¿no es cierto? Unos días después de esta proclamación ocurrió algo muy interesante. En una ferretería entraron dos ladrones a robar de las cajas de dinero que no habían sido procesadas ni depositadas en el banco. Un ladrón se robó de la primera caja $49.78 y el otro robó de la segunda caja $50.25. El primero, si moría en ese momento, se hubiera ido al purgatorio y el segundo se hubiera transportado derecho al infierno, porque había participado de un pecado mortal.

En esta instancia la doctrina del Purgatorio hace de Dios, un ser injusto, inclemente, abusivo y un Dios cuya justicia es imperfecta. *¡Estimado lector, Dios no trabaja de esa manera! "El pecado es la transgresión de la ley" (1 Juan 3:4).* Para Dios todos los pecados son iguales en culpa. No debemos segregar los pecados, porque Dios mandó a su Hijo a morir por la condenación de todos los pecados por igual.

¡Maravilloso es Cristo que aún perdona al pecador en la hora undécima! Y ¡maravilloso es Cristo que aún perdona un asesino como al que solo mintió o exageró! Tenemos un solo Abogado y Mediador, *Jesucristo el Justo.* Jesús murió por nosotros. Con su muerte en la cruz, abrió una brecha en la gran muralla de pecado y obtuvo el perdón para los pecadores. El Justo sufrió por los injustos, y con su sangre abrió un nuevo camino, por el que podemos acercarnos a Dios.

Él, es pues, en el más elevado sentido, "La puerta". Nadie tendrá acceso al Padre, si no es a través de Él. Aunque ascendió a la presencia de Dios y comparte el trono del universo, Jesús no ha perdido su naturaleza compasiva. Hoy, el mismo tierno y simpatizante corazón está abierto a todos los pesares de la humanidad. Hoy, las manos que fueron horadadas, se extienden para bendecir abundantemente a su pueblo que está en el mundo.

El Salvador hubiera pasado por la agonía del calvario para que uno sólo pudiera salvarse en su reino. El nunca abandona un alma por la cual murió. Él, no nos deja solos para que luchemos con la tentación, batallemos contra el mal, y seamos finalmente aplastados por las cargas y tristezas. Aunque ahora esté oculto para los ojos mortales, el oído de la fe puede oír su voz que dice: "no temas, yo estoy contigo". Yo soy "El que vivo, y he sido muerto; y he aquí que vivo por los siglos de los siglos" (Apocalipsis 1:18). He soportado vuestras tristezas, experimentado vuestras luchas, y hecho frente a vuestras tentaciones. Conozco vuestras lágrimas, yo también he llorado, conozco los pesares demasiado hondos para ser susurrados a oído humano.

"No penséis que estáis solos y desamparados. Aunque en la tierra no toque cuerda sensible alguna en ningún corazón, miradme a mí, y vivid. Porque los montes se moverán, y los collados temblarán; más no se apartará de ti mi misericordia, ni el pacto de mi paz vacilará, dijo Jehová, el que tiene misericordia de ti" (Isaías 54:10).

Mientras, como miembro de la familia humana, era mortal, como Dios, era fuente de la vida para el mundo. Jesús nos conoce individualmente, y se conmueve por el sentimiento de nuestras flaquezas. Nos conoce a todos por nombre. Conoce la casa en que vivimos, y el nombre de cada ocupante. Cada alma es tan plenamente conocida por Jesús, como si fuera la única por la cual el Salvador murió. Las penas de cada uno, conmueve su corazón. El clamor por auxilio penetra en su oído. El vino para atraer a todos los hombres a sí, y los invita: "seguidme". ¿Aceptarás hoy su invitación?

Referencias

1 De Ligorio, San Alfonso. *La Dignidad y los Deberes del Sacerdote o Selva*, pp. 32, 33.
2 Eymard, San Pedro Julián (1963). *Obras eucarísticas*, Ed. Eucaristía, p. 745.
3 Peña, P. Ángel. *Sacerdote para siempre*, p. 8.
4 Scannell, Thomas (1909). *"Diocletian"*. *The Catholic Encyclopedia* Vol. 5. (New York: Robert Appleton Company).

5 Eusebio, Op. Cit. VIII, II

6 Eusebio, Op. Cit. XI, XII; *Lactancio, "Div. Inst".*, V, XI

7 *The Catholic Encyclopedia* Vol. 5. Guerra contra Majencio - New York: Robert Appleton Company, 1909.

8 *Lactancio* [De mort. persec., ch. xliv] y *Eusebio* [Vita Const., I, xxvi-xxxi].

9 *The Catholic Encyclopedia*. Vol. 5. New York: Robert Appleton Company, 1909.

10 *Ibid*

11 *Constantino el Grande, Canon 29*. Concilio de Laodicea.

12 *The Catholic Encyclopedia*, V p. 153

13 *The Faith of our Fathers*, p. 89.

14 *Exsecratione Judaeorum-Silvestre* DC pp. 314-335.

15 Carver, W.O. (1940). *Sabbath Observance*, Sunday School Board Southern Baptist Convention, p. 41.

16 Traducción de Lucio Ferraris, "Papa II", *Prompta Bibliotheca*, t. VI, pp. 25-29.

EL DESCENSO SÚBITO

CAPÍTULO IV | EL DESCENSO SÚBITO

Los pueblos bárbaros empezaron a invadir Italia entre el siglo V y VI, llegando a dominar el poder civil cada vez más. Estos pueblos eran Arrianos, algo que el cristianismo más tradicional detestaba en gran manera. Arrio fue un sacerdote cristiano de Alejandría, probablemente de origen libio. Su doctrina, considerada herética por la Iglesia, negaba la divinidad de Jesucristo, pues Dios Padre existía antes que Él y le había creado de la nada. Arrio, ordenado presbítero en el año 311 d.C., elaboró esa doctrina a partir de la de Pablo de Samosata, obispo de Antioquía. Arrio sostenía que el Hijo fue la primera criatura creada por Dios, antes del principio de los tiempos. Según el arrianismo, este Hijo, que luego se encarnó en Jesús, fue un ser creado con atributos divinos, pero no era Dios en y por sí mismo. Argüía como prueba de ello que Jesús no pudo salvarse en la cruz. Su predicación le condujo a ser excomulgado por el patriarca Alejandro en el año 319 d.C. Finalmente, el arrianismo fue condenado por el Concilio de Constantinopla en el 381 d.C. Esto prácticamente lo eliminó dentro del Imperio; pero siguió siendo importante entre los pueblos germánicos que invadieron el Imperio del Occidente. Cuando los Hérulos, Vándalos y Ostrogodos tomaron consecutivamente el control de Roma, el Primado de Roma pidió la ayuda del Emperador del Oriente, llamado Justiniano, para que echara y eliminara a estos pueblos arrianos del mapa. Justiniano mandó a su general Belisario a derrotarlos y esto ocurrió en tres campañas, terminando en el 538 d.C., cuando se venció a los

Ostrogodos en el sitio de Roma. Algo curioso fue que en el 533 d.C. Justiniano decidió declarar al obispo de Roma como el primero en hegemonía e importancia en el mundo conocido.

SEXTO PELDAÑO

Edicto de Justiniano. Este edicto fue dado en el año 533 d.C., pero no fue hasta después de la caída de los Ostrogodos, en el 538 d.C., que se pudo poner en vigor:

"Ordenamos que el más santo papa de la antigua Roma tendrá el más alto rango sobre todos los pontífices, pero el más bendecido arzobispo de Constantinopla, o la Nueva Roma, ha de ocupar el segundo lugar luego de la Santa Sede Apostólica de la antigua Roma, la que tendrá precedencia sobre todas las otras sedes".[1]

Desde ese momento la apostasía siguió a pasos acelerados. Ya no había quien detuviera los movimientos siniestros de un cristianismo adulterado. Los seres humanos preferían ver a un hombre palpable que tener fe en un Dios que no veían. Asimismo, pensaron los Israelitas en el desierto de Sinaí. Cuando no lo vieron a Moisés, hicieron un becerro para adorarle. La fe del cristianismo quedó a un lado y todo lo ostentoso, ocupó su lugar. También el común del pueblo tendría miedo del pastorado, porque los veían y trataban como dioses en la tierra. El amante Salvador parecía estar muy lejos de la humanidad y así se introdujeron mecanismos que reemplazaron la fe sencilla y eficaz. En el 682 d.C. se introduce el agua santa. En el 710 d.C. se introduce la ceremonia de besar los pies al obispo de Roma y de este modo se abría paso al siguiente peldaño descendiente, el Segundo Concilio de Nicea.

SÉPTIMO PELDAÑO

Al Segundo Concilio de Nicea, que ocurrió del 24 de septiembre al 13 de octubre de 787 d.C., asistieron 300 líderes religiosos, para buscar una solución al problema de los paganos que todavía no se habían convertido al cristianismo. A esos pueblos les era muy difícil dejar los dioses paganos. "Los habitantes de Italia y Grecia nunca se alejaron de la idolatría de los viejos tiempos. Lo más que se logró fue hacerlos cristianos solo, superficialmente. Con muchas otras prácticas mitológicas, forzaron al clero hacia las imágenes".[2]

Entonces se decidió ponerle a esas imágenes y estatuas nombres cristianos, permitiendo el culto y la veneración a tales artificios. Pero había un problema que se interponía para llevar a cabo este plan. El segundo mandamiento del decálogo era una molestia que debía ser eliminada y vemos por qué: "No te harás imagen, ni ninguna semejanza de lo que esté arriba en el cielo, ni abajo en la tierra, ni en las aguas debajo de la tierra. No te inclinarás ante ellas ni les rendirás culto, porque yo soy Jehová tu Dios, un Dios celoso que castigo la maldad de los padres sobre los hijos, sobre la tercera y sobre la cuarta generación de los que me aborrecen. Pero muestro misericordia por mil generaciones a los que me aman y guardan mis mandamientos" (Éxodo 20:4-6).

Al analizar el edicto, vemos el derecho que el clero tomó en sí mismo sin autorización divina: "*Nosotros recibimos las sagradas imágenes; nosotros sometemos al anatema a los que no piensan así... Si alguno no confiesa a Cristo nuestro Dios circunscrito según la humanidad, sea anatema... Si alguno rechaza toda tradición eclesiástica, escrita o no escrita, sea anatema*".[3] En el mismo Concilio se añadió el siguiente edicto: "*Si en adelante se encuentra algún obispo consagrando un templo sin reliquias sagradas, será depuesto como transgresor de las tradiciones eclesiásticas*".[4]

Desde ese entonces, la veneración, o seamos más explícitos, la adoración llegó a ser algo entretejido en el mundo del cristianismo universal.

Recuerdo cuando mi madre me contó la historia de la conversión de mi abuela, que ha sido de inspiración para mí y también nos ayudará a entender este tópico con más claridad. Incluyo este testimonio exactamente como ella lo escribió:

"Esta es la historia de una bella joven que amaba a Dios sobre todas las cosas y adoraba a la virgen María, de quien era devota. Su prometido, un joven cristiano, sincero, conocedor de la Palabra de Dios y profundo defensor de las verdades bíblicas, era motivo de gran preocupación para su futura suegra, considerándolo un peligro para la fe católica de su hija. El día de la boda, la madre de Matilde le hizo jurar por la virgen y todos los santos que jamás se apartaría de la fe que ella le había inculcado desde niña. Matilde juró que nunca haría tal cosa, pero Luis, el que era ahora su esposo, permanecía firme a las verdades irrefutables que había descubierto en la Palabra de Dios, y que habían transformado su vida. Su mayor anhelo era que su amada también las conociera y aceptara, pero Matilde se negaba rotundamente. '¿Cómo cometería yo tal pecado, faltando al juramento que le hice a mi madre?' –se decía a sí misma. 'No se trata de cambiar de religión', –le dijo Luis–, 'sino de conocer toda la voluntad de Dios expresada en su Santo Libro'.

Así pasaron los días, semanas y meses, y Matilde se mantenía firme en su posición, hasta que, a los dos años, cierta noche acostados en su cama matrimonial, Luis le hizo una pregunta que cambiaría el rumbo de su vida para siempre. Le dijo. –'Matilde, ¿qué crees tú que es la virgen María?' A lo que ella respondió rápidamente: –'¡Es la madre de Dios!'

–'Lamento decirte que estás en un error, porque Dios, no tiene madre. Si así fuera, no sería Dios. El es eterno, existió siempre desde el principio, aunque sea un misterio que no podamos comprender. La bienaventurada virgen María, fue madre de Jesús hombre, por virtud y obra del Espíritu Santo'.

"Esa respuesta la sacudió grandemente, despertando su entendimiento. Comenzó a leer las Escrituras a escondidas, sintiendo la necesidad de averiguar por sus propios medios, las verdades ocultas en el Santo Libro. ¡Y vaya que sí las descubrió! Verdades que nunca se imaginó que existían y que ella las había desobedecido, por ignorarlas. 'Pero nadie debe saber que yo ya sé todas estas cosas', –se decía a sí misma. 'Debo seguir siendo fiel al juramento que le hice a mi madre'. "

Y así fue como Matilde continuó yendo a la iglesia, venerando a los santos, arrodillándose ante ellos y rogándoles su protección, hasta que cierto día cuando se encontraba arrodillada frente a uno de los altares del viacrucis, que consiste en un conjunto de catorce estaciones que representan la pasión de Cristo, y que los fieles recorren una por una rezando, una retumbante voz la sorprendió, diciéndole: –'¡Matilde! ¡Matilde! ¿Qué haces ahí postrada ante una imagen que no ve, no oye y no puede ayudarte? ¡Levántate y sal!' Ella se levantó rápidamente y miró para todos lados, pero nadie le hablaba. 'Seguramente son ideas mías', –pensó. Así que volvió a arrodillarse y siguió rezando, pero nuevamente esa voz resonante le volvió a repetir la misma pregunta. Sorprendida, Matilde se paró y miró para todos lados, pero nadie le hablaba. Volvió a arrodillarse y continuó sus rezos, pero la voz insistente la volvió a llamar por la tercera vez: '¡Matilde! ¿Qué haces ahí postrada ante una imagen que no ve, no oye y no puede ayudarte? Cuando tú ya sabes bien que el segundo mandamiento de la ley de Dios, que se encuentra en Éxodo 20 dice: "No te harás imagen de ninguna semejanza de cosa que esté arriba en el cielo, ni abajo en la tierra, ni en las aguas debajo de la tierra. No te inclinarás a ellas ni las honrarás; porque yo soy Jehová tu Dios, fuerte, celoso".

¡Levántate y sal!' Matilde se acordó del mandamiento que había leído en la Santa Biblia. Se levantó presto y al ver que no había nadie físicamente visible que le hablara, se dio cuenta que era la voz del Espíritu Santo, que la llamaba al arrepentimiento. Salió rápidamente del templo, fue a su casa en busca de su esposo Luis, quien ignoraba todo lo sucedido. Luis escuchó a su esposa que le decía: 'Quiero bautizarme lo antes posible, con el bautismo que Jesús nos dejó como ejemplo, el cual significa la muerte del pecado y la resurrección a nueva vida, porque quiero comenzar a vivirla cuanto antes'.

El la escuchó atónito y con los ojos bañados en lágrimas, apenas comenzó a procesar lo que estaba oyendo. - '¡Este es un milagro de Dios!' – exclamó.

Esa mujer fue mi madre: un ejemplo de amor, fidelidad, fe, honestidad, valor, generosidad, rectitud y cristianismo. Ella fue mi inspiración y mi guía fiel hasta su muerte. Por eso espero ansiosa, muy pronto, al sonido de la final trompeta, cuando los sepulcros se abran en la segunda venida de Cristo, volverla a ver y en un abrazo de amor, decirle: ¡Gracias, mamá, por haber guiado mis pasos hacia la eternidad, por el sendero de la verdad!"[5]

Estoy seguro que habrá entre los lectores muchas personas que tendrán su testimonio personal sobre este tópico y especialmente de lo que Cristo ha hecho en sus vidas. La verdad es que el cristianismo quitó su mirada de Cristo y la puso en substitutos de piedra, madera y metales. Esto llevó a la siguiente decisión de parte de la iglesia. Me refiero a la canonización de los santos en el año 993 d.C., cuando la iglesia canonizó a San Ulrico de Augsburgo, un religioso, obispo de Augsburgo, quien falleció en el 973 d.C. y fue canonizado por el Papa Juan XV, veinte años después de su muerte.

La Iglesia Universal cuenta con 6,538 santos, que aparecen reflejados en la última edición del Martirologio Romano, presentada en 1995, tras 20 años de trabajo. Más aún se han añadido en las últimas décadas. La pregunta que me hago es si los santos se hacen o se confirman en vida, o después de la muerte. Creo que hay que vivir una vida de santidad militante en este mundo primero, para luego gozar la santidad triunfante en el día de la resurrección. Debo aclarar que a veces mal interpretamos la palabra "santidad", dándole un significado de perfección, pero las Santas Escrituras demuestran que el único perfecto es Dios y la santidad es un regalo que Él nos dará a su debido tiempo. El profeta Elías fue un hombre santo que subió al cielo sin ver la muerte, pero no fue perfecto hasta que Dios lo arrebató. El libro del apóstol Santiago capítulo 5 dice: "Elías era un hombre sujeto a pasiones, igual que nosotros, pero oró con insistencia para que no lloviera, y no llovió sobre la tierra durante tres años y seis meses. Y oró de nuevo, y el cielo dio lluvia, y la tierra produjo su fruto" (Santiago 5:17).

Este gran hombre fue el mismo que decapitó con sus propias manos a los profetas de Baal; y también se desanimó con su carrera del ministerio, al punto tal que se fue a esconder en las cuevas del monte Sinaí. Pero Dios vio su potencial y lo perdonó. Aquí notamos que la cinta de medir de Dios es diferente a la nuestra.

Estimado lector, Cristo no vino para ver cuán perfecto llegarías tú a ser para luego canonizarte de santo. Cristo vino porque en ti hay un potencial que si lo depositas en las manos del Creador, puedes volver a recuperar la imagen perfecta de Dios y ser llamado un santo del Altísimo.

Un hombre relativamente joven y de buena presencia que yo conocí, hablando ante un grupo en la iglesia que estaba discutiendo problemas de la conducta, se expresó de la siguiente manera: "Hasta hace poco yo tenía un genio muy violento. La más pequeña de las discusiones, me hacía perder la calma y me desataba en ademanes airados, gritos y palabras duras. Más tarde lo lamentaba, pero el mal ya estaba hecho, y era muy difícil curar la herida que yo causaba a otros. Mi sistema nervioso era muy irritable. Aun cuando a veces me veía en la necesidad de dominarme exteriormente por el momento, ya sea por la presencia de visitas o desconocidos o superiores, tan pronto como podía, daba rienda suelta a mi cólera con una fuerza que asustaba a quienes me rodeaban. Más de una vez hice una resolución de cambiar de proceder. Y a veces hasta tuve un lapso de tiempo adonde se veía una esperanza, pero era muy pasajera, porque volvía a estallar en ataques de cólera. Hasta que un día, estudiando la Biblia, descubrí el secreto para lograr un cambio, era Cristo en mi vida. Gracias a Dios, ese cambio se ha producido".

Sabemos que Dios creó al hombre a su imagen, perfecto y bueno, pero con libertad para escoger, para decidir. Había dos caminos posibles: 1) obediencia voluntaria a las leyes morales de Dios, cuya consecuencia es vida, orden, armonía, felicidad; o, 2) desobediencia, y como resultado, muerte, caos y desgracia.

Sabemos también por la historia bíblica, que el hombre eligió el camino de la desobediencia –pecado–, y se acarreó todas sus trágicas consecuencias. No obstante, Dios había trazado un plan admirable de restauración, cuyo centro es Jesús, el hijo de Dios. Era necesario que Jesús, la segunda persona de la divinidad, tomara sobre sí la forma humana, viviera como hombre, y muriera, a fin de restaurar las condiciones ideales de vida en este planeta, conformándolas con el plan de Dios. ¿Por qué? Sencillamente porque la consecuencia del pecado, o sea la violación de la ley moral de Dios, es muerte. Así lo explica el apóstol Pablo: "La paga del pecado es muerte" (Romanos 6:23). Muerte eterna, anulación definitiva de la vida. Estos son principios eternos, de cumplimiento necesario. Todas las leyes de Dios son de esa índole, aún las leyes naturales. Nadie puede violar la ley de la gravitación impunemente, porque es una ley necesaria. Así también son las leyes morales. Son tan eternas, como Dios mismo. Además, son tan perfectas como Él, ya que son el reflejo de su carácter.

Cuando la primera pareja violó voluntariamente y a sabiendas la ley de Dios en el Edén, atrajo sobre sí y sobre todos sus descendientes la pena de muerte… Sin embargo, Dios, no se resignó a abandonar a la especie humana, al contrario, movido por un amor que la mente no puede comprender, dio lo mejor que tenía, el don más grande, el sacrificio máximo, su propio hijo Jesucristo.

Referencias

1 Scott, S.P. *The Civil Law*, Vol. 17, (The Central Trust Company, Cincinnati), p. 125.
2 Draper, John. *History of the Intellectual Development*, p. 368.
3 *II Concilio de Nicea*, Sección Séptima / VII Ecuménico (contra los iconoclastas).

4 Ibid, *Canon 7.*
5 Entrevista a *Nila E. Grieve, 17 de agosto*, 2015.

CAPÍTULO

V

LA CAÍDA

CAPÍTULO V | LA CAÍDA

"La Biblia contiene en sí misma pruebas de su origen divino. Ningún otro libro puede contestar las preguntas de la mente o satisfacer los anhelos del corazón como lo hace la Biblia. Se adapta a todas las edades y condiciones de la vida, y está llena del conocimiento que ilumina la mente y santifica el alma. En la Biblia tenemos una revelación del Dios viviente. Si se la recibe con fe, tiene poder para transformar la vida. Durante toda su historia una mano divina la ha cuidado y preservado para el mundo".[1]

OCTAVO PELDAÑO

Ahora había algo que estorbaba en la continua apostasía de la Iglesia Cristiana. Había que tomar medidas drásticas para eliminar lo que impedía al cristianismo alcanzar los cambios que deseaba hacer a favor de la política y el clero. La Biblia, que es la Palabra de Dios, era una amenaza para el cristianismo popular, porque allí se encuentra la verdad que denuncia cualquier cambio humano.

Ser propietario de una Biblia era un delito penal en el año 860 d.C. El Obispo Nicolás I, sentado en lo alto de su trono, construido especialmente para la ocasión en la plaza del pueblo, pronunció en contra de todas las personas que expresaron su interés en la lectura de la Biblia y reafirmó su uso público como prohibido. En 1073 d.C., el Obispo Gregorio apoyó y confirmó la prohibición. "En 1198 d.C., el Papa Inocencio III declaró que nadie debería leer la Biblia; el que así lo hiciera sería apedreado hasta la muerte por soldados de la iglesia militar".[2] En 1229 d.c. en el Consejo de Toulouse en Francia, "se habla con odio", aprobando aún otro decreto:

"Prohibimos que los laicos posean copias del Antiguo y Nuevo Testamento. Las autoridades civiles buscarán a los heréticos que vivan en los bosques, en las cuevas, y serán exterminados".[3]

En el siglo XIV, la posesión de una Biblia de parte de los laicos era un delito y se castigaba con azotes y la confiscación de bienes. También se practicaba la hoguera y Carlos V (Febrero 24, 1500–Septiembre 21, 1558) prohibió la lectura de la Biblia por ambos sexos.

"Dadas las ideas entonces, y mucho después, universalmente prevalentes en relación con la herejía y las medidas de represión necesarias para evitar que la infección se propagara, no hay nada excepcionalmente cruel o intolerante en el estatuto de Haerético Comburendo de 1401 d.C., que proveyó que los herejes declarados culpables ante una corte espiritual, y que se rehusaran a retractarse, serían entregados a la rama secular y quemados".[4]

Los grupos más perseguidos fueron los Cátaros y los Valdenses, quienes tradujeron la Biblia a su propio idioma. Luego, los Hugonotes también sufrieron grande persecución por sus creencias.

"Como no se conocía la imprenta, las copias de la Biblia podían producirse solamente por el lento, arduo y costoso proceso de la escritura a mano. Esto, por fuerza, limitaba grandemente su circulación. Peor aún: sus verdades iluminadoras y salvadoras fueron ocultadas en gran medida por los errores, las supersticiones y la apostasía de la Edad Media. Durante ese tiempo el pueblo común poco conocía de su contenido. No es poco significativo el hecho de que el primer libro importante que se imprimió en Europa con tipos movibles fue la Biblia. La editó Juan Gutenberg, en Mainz, Alemania, alrededor de 1456. El ejemplar de la Biblia de Gutenberg perteneciente a la Biblioteca del Congreso, de Estados Unidos, es quizás el libro impreso más valioso del mundo".[5]

La primera Biblia completa en inglés fue la de Miles, impresa en Zurich, Suiza, en 1535. A ella le siguieron otras versiones como ser la Gran Biblia, preparada por sugerencia de Tomás Cromwell, Conde de Essex y estadista.

"Se sabe que en España ya en 1233 circulaban traducciones parciales o completas de la Biblia en el idioma del pueblo; de lo contrario no se habría promulgado el decreto de Jaime de Aragón, que prohibía su lectura. En 1280 se terminó la traducción manuscrita de la Biblia Alfonsina en romance, transición entre el latín y el castellano, por orden del rey Alfonso, el Sabio. La primera versión completa del Antiguo Testamento en español se conoce como La Biblia de la Casa de Alba. Fue inaugurada en 1430, escrita a mano. La Inquisición se apoderó de ella, aunque no la destruyó. La primera versión completa del Nuevo Testamento impresa en español, conocida como El Nuevo Testamento de Emitías, terminó de imprimirse en 1542 en Amberes. Y la Biblia de Ferrara, la primera versión en español del Antiguo Testamento, se publicó en 1553".[6]

Los primeros ejemplares de la Biblia en su totalidad en castellano aparecieron en 1569 en Basílica, Suiza. Su traducción fue obra de Casiodoro de Reina. Revisada por el escritor y autor Cipriano de Valera, fue impresa en 1602, en Amsterdam. Así la luz de la verdad comenzó a brillar una vez más en el Mundo Occidental, pero no sin oposición. Entre 1790 a 1793, se imprimió en España misma una versión de la Biblia, la del padre Felipe Scío de San Miguel, en diez volúmenes. Los protagonistas de estas versiones como Tynndale y Wycliff fueron odiados y también sufrieron consecuencias funestas. "Cuarenta y tres años después de la muerte de Wycliff, o sea en 1428 d.C., por orden del Concilio de Constanza, los huesos de ese reformador fueron exhumados y quemados. El 6 de octubre de 1536, por orden de Carlos V de Alemania, Tyndale fue estrangulado y quemado en la hoguera en Vilvorde, cerca de Bruselas. Tal fue, bajo la tiranía espiritual que imperaba en aquellos tiempos, la suerte de muchos que se colocaron de parte de Dios y de su Palabra".[7]

Al ver la iglesia la proliferación rápida de la Biblia por este invento, o sea, la imprenta, enseguida quiso substituir la Sagrada Biblia por las tradiciones de hombres. Cuando le pregunté a un sacerdote qué pensaba sobre el asunto, me pidió primero que no expusiera su nombre. Me informó que esta es la creencia de la mayoría del clero de la iglesia cristiana universal:

"La tradición es el conjunto de enseñanzas doctrinales, reglas de fe y conducta, que se han ido conformando a lo largo de los siglos en el seno de la Iglesia cristiana, manteniendo al día de hoy la misma autoridad contenida en la Palabra de Dios. Los dogmas de la iglesia, en consecuencia, deben ser tomados como si fueran inspirados por Dios. De tal manera que la Biblia no constituye la única fuente de autoridad suprema, sino la iglesia y sus enseñanzas. La Tradición recibe la palabra de Dios, encomendada por Cristo y el Espíritu Santo a los apóstoles, y la transmite íntegra a los sucesores; para que ellos, iluminados por el Espíritu de la verdad, la conserven, la expongan y la difundan fielmente en su predicación. De ahí resulta que la Iglesia, a la cual está confiada la transmisión y la interpretación de la Revelación "no saca exclusivamente de la Escritura la certeza de todo lo revelado. Y así se han de recibir y respctar con cl mismo cspíritu dc dcvoción" (DV 9).

La Tradición de que hablamos aquí es la que viene de los apóstoles y transmite lo que estos recibieron de las enseñanzas y del ejemplo de Jesús y lo que aprendieron por el Espíritu Santo. "En efecto, la primera generación de cristianos no tenía aún un Nuevo Testamento escrito, y el Nuevo Testamento mismo atestigua el proceso de la Tradición viva. Es preciso distinguir de ella las "tradiciones" teológicas, disciplinares, litúrgicas o devocionales nacidas en el transcurso del tiempo en las Iglesias locales. Estas constituyen formas particulares en las que la gran *Tradición* recibe expresiones adaptadas a los diversos lugares y a las diversas épocas. Sólo a la luz de la gran Tradición aquellas pueden ser mantenidas, modificadas o también abandonadas bajo la guía del Magisterio de la Iglesia".[8]

Podemos corroborar esto con las siguientes citas: "Esa revelación es transmitida por la Iglesia sobre la forma de tradición".[9] "La tradición oral, o simplemente la tradición, es la que conserva las enseñanzas de Cristo a los apóstoles. A su vez, ellos transmiten integralmente estas enseñanzas a sus sucesores (los obispos unidos con el Papa), para que ellos puedan conservar y difundirlos".[10]

Con toda seguridad podemos hoy decir que la Biblia es infalible, pues "ninguna profecía de la Escritura es de interpretación privada, porque nunca la profecía fue traída por voluntad humana, sino que los santos hombres de Dios hablaron siendo inspirados por el Espíritu Santo" (I Pedro 1:21). Ni la Iglesia, ni tampoco sus representantes son infalibles. Por tal razón advirtió el apóstol Pablo a aquellas comunidades cristianas del primer siglo: "Mas si aún nosotros, o un ángel del cielo, os anunciare otro evangelio diferente del que os hemos anunciado, sea anatema" (Gálatas 1:8).

En conclusión, si existe contradicción entre lo que los hombres enseñan y la propia Escritura, bien sean llamados maestros o doctores, el cristiano tiene que responder como hizo Pedro y los demás apóstoles: "Respondiendo Pedro y los apóstoles, dijeron: Es necesario obedecer a Dios antes que a los hombres" (Hechos 5:29).

En 1517, el año memorable cuando el sacerdote Lutero clavó sus 95 tesis en la puerta de la Catedral de Wittemberg, Alemania, lo hizo con objeto de que sean discutidas y probadas en base a las Sagradas Escrituras. No tardó en reaccionar el poder de las tinieblas y de inmediato respondieron con ataques fieros ante el desafío resuelto del Doctor Martín Lutero. Esto fue un nuevo punto de inicio para el cristianismo, ya que la conciencia del cristiano es desafiada a un retorno a sus orígenes y raíces. Lutero también escribió las siguientes famosas palabras en latín: "*Sola gratia, sola fide, sola scriptura, solus Christus, soli Deo Gloria*". En castellano se descifra: "Solo la gracia, solo la fe, solo la Palabra, solo Cristo, solo a Dios sea la gloria".

El que lee la Biblia siente que se le caen las escamas de sus ojos. Con claridad el Espíritu Santo redarguye y convence y nos lleva a toda verdad. Es triste ver como la tradición llegó a ser más importante que las Sagradas Escrituras. Podemos aludir que el profeta Oseas se refería a esto cuando predijo que vendría en el mundo religioso un ambiente de frialdad hacia las Escrituras y añadió una sentencia a los que practicaban tales cosas: "Mi pueblo fue talado, porque le faltó conocimiento. Porque tú desechaste la sabiduría, yo te echaré del sacerdocio: y pues que olvidaste la ley de tu Dios, también yo me olvidaré de tus hijos" (Oseas 4:6). Malaquías además añade una certera afirmación: "Entonces volveréis, y veréis que hay diferencia entre el justo y el malo, entre el que sirve a Dios, y el que no le sirve" (Malaquías 3:18).

En estos versículos vemos claramente la importancia de la Biblia para amonestar y hacernos cambiar de dirección. El conocimiento viene a través del estudio continuo de las Escrituras. No hay incremento de fe si no es por el oír y el leer. Sin la Biblia no existe un punto de partida y no existe un punto de referencia divina para resolver cualquier inquietud. Cada uno hace lo que le complace. Cuando la Palabra de Dios es molestia, se la cambia al gusto, haciendo cirugía estética al carácter perfecto de Dios. Por eso hoy en día se ha transformado este planeta en un mundo pluralista y humanista secular, donde no existen absolutos.

El mundo de hoy dice que todos tienen algo de verdad y nadie tiene toda la verdad. Constantemente se inculca que hay muchos caminos para llegar al cielo. Pero veo que Efesios 4:5 dice con claridad: "Un Señor, una fe, un bautismo". "Como poder educativo, la Biblia no tiene igual. Nada amplía la visión, fortalece la mente, eleva los pensamientos y ennoblece los afectos como el estudio de las sublimes y estupendas verdades de la revelación. El conocimiento de sus principios es una preparación esencial para toda vocación. En la medida en que se estudian y reciben sus enseñanzas, ella imparte fortaleza de carácter, nobles ambiciones, agudeza de percepción y sano juicio. De todos los libros que se hayan escrito, ninguno contiene lecciones tan instructivas, preceptos tan puros o promesas tan grandes como la Biblia".[11] Al dejar a un lado el manual de Dios por excelencia, Satanás ha logrado convencer que todo comportamiento que la sociedad esté de acuerdo en practicar, es lícito. Por esta razón Dios ha llegado a ser una molestia, o mejor dicho, una piedra de tropiezo. Y así la sociedad contemporánea considera al Creador como anticuado, aburrido, fanático, e injusto. ¡Cuán astuto fue Satanás en traer este cambio en la historia! Cuando veo líderes religiosos que se acoplan a cualquier viento y marea, me pregunto: ¿Adónde llegará la raza humana? Al mismo lugar donde llegó la iglesia cristiana cuando empezó a rechazar con hechos y decretos la Palabra de Dios: ¡A la caída súbita! Por eso marco esta etapa de la historia como el punto principal de la caída de Babilonia. De aquí en adelante hablaremos de una mujer caída siendo símbolo de la iglesia, o sea de la gran ramera y su sistema adulterado, llamado Babilonia.

La Biblia, en el intenso dramatismo de sus páginas, nos cuenta la historia de hombres y mujeres que vivieron intensamente la angustia de la soledad. ¡Qué terrible fue la aflicción vivida por Jacob en un desierto solitario en los soleados parajes de Beerseba! Atemorizado ante las amenazas de su defraudado hermano. No hay sentencia más dramática que la registrada en Salmo 142:4. Escondido en una caverna, acosado por sus enemigos, en su soledad y abandono, David exclamó amargado: "¡No hay quien cuide de mi vida!" ¡Cuánto anhelaba David una palabra de consuelo, una expresión de amor, un gesto de simpatía! ¡Cuán sólo se sentía!

Recordemos que cuando estamos solos y afligidos, viviendo las tristezas propias de las mañanas nubladas, o las angustias de las tardes oscuras, podemos confiar en las siguientes palabras que provienen del Libro Sagrado: "He aquí Yo estoy con vosotros todos los días, hasta el fin del mundo" (Mat. 28:20). Los peligros que constantemente nos rodean, nos llevan a buscar refugio y protección. Después de las luchas y los desgastes del día, buscamos, en la intimidad del hogar, el abrigo para el cuerpo cansado y el lenitivo para el espíritu abatido. Cuando las fuerzas de la naturaleza se agitan y los relámpagos amenazadores encandilan la noche abrumadora y nos sentimos inseguros, buscamos ansiosos un refugio contra la furia de los elementos.

Los cristianos del primer siglo, cuando eran víctimas de las violentas persecuciones, se refugiaban en las catacumbas, donde se protegían de la violencia y el arbitrio de los poderosos. Así como el hombre necesita de la seguridad contra el peligro, así el espíritu atribulado necesita refugiarse en Dios y sus Sagradas Escrituras. Cuando Juan Wesley (1703-1791) después de un ministerio fecundo, agonizaba en Londres, muchos pensamientos acudieron a su mente. Sus últimas y confortadoras palabras fueron: "El Dios de Jacob, es nuestro refugio". Solo en Dios y sus sagradas escrituras encontramos "refugio", porque Él nos ama y desea nuestro bienestar. Hasta la misma naturaleza nos enseña a buscar un poder trascendente como nuestro escondedero. Hay una planta acuática llamada "Amonio Marítima" que crece en la superficie de las aguas, pero cuando la tempestad amenaza, y las olas se encrespan, se recoge en el fondo del mar, hasta que la bonanza sea restaurada otra vez. Nosotros también, en las perplejidades e incertidumbres de la vida, tenemos un lugar donde refugiarnos y una esperanza encontrada en la Biblia, es: ¡La roca de los siglos! ¡Cristo Jesús!

Referencias

1 *La Hermosas Enseñanzas de La Biblia*, p. 13.
2 *Enciclopedia de Diderot*, (1759).
3 *Concilio de Tolosa*, Gregorio IX, Anno. Crh. 1229.
4 *Enciclopedia Católica*, Vol. V, p. 441.
5 *Las Hermosas Enseñanzas de la Biblia*, p. 13 / Edición Pasta Suave
6 Ibid, p. 14.
7 Ibid, p. 14.

8 *Catecismo Inciso* 81, 82, 83 Dado el 11 de Octubre de 1992, trigésimo aniversario de la apertura del Concilio Vaticano II y año decimocuarto de mi pontificado.

9 *Compendio del Catecismo de la Iglesia Católica.* Coimbra: Gráfica de Coimbra, pp. 11-13.

10 *Catecismo de la Iglesia Católica.* Coimbra: Gráfica de Coimbra, p. 81.

11 *Las Hermosas Enseñanzas de la Biblia,* p. 13, 19.

LA RESPUESTA DE DIOS

CAPITULO VI | LA RESPUESTA DE DIOS

¡Dios nunca desampara a su remanente! A través de la historia del mundo, Dios ha tenido representantes que le han dado al pecado el nombre que le corresponde. Con diferentes trasfondos han fundado movimientos y reformas que han cambiado al mundo. Algunos dicen que Dios tarda en responder afirmativamente cuando el mundo se ve en continuo declive. Para nuestro Creador no es tardanza, sino una mayor oportunidad para la raza humana recibir el perdón y la salvación. Dios responde de diferentes maneras y a su debido tiempo. Nunca deja de contestar al mundo las incógnitas que tiene.

Cuando el cristianismo y el estado llegaron al punto más bajo, causado por las persecuciones reinantes que existieron en manos del clero, los cambios a la Palabra de Dios, el paganismo infiltrado y una política adulterada por la iglesia, desde Su trono Dios verá este globo terráqueo con profunda tristeza. ¡Cuán lejos se había apartado la iglesia, la supuesta representante de Cristo aquí en la tierra! Pero para los estudiosos esto no era sorpresa, porque las profecías lo venían anunciando:

"Vino uno de los siete ángeles que tenían las siete copas y habló conmigo diciendo: Ven acá, y te mostraré la condenación de la gran ramera que está sentada sobre muchas aguas. Con ella fornicaron los reyes de la tierra, y los que habitan en la tierra se embriagaron con el fino de su fornicación. Me llevó en el espíritu al desierto. Y vi una mujer sentada sobre una bestia escarlata llena de nombres de blasfemia que tenía siete cabezas y diez cuernos. La mujer estaba vestida de púrpura y escarlata, y estaba adornada con oro y piedras preciosas y perlas. En su mano tenía una copa de oro llena de abominaciones y de las impurezas de su inmoralidad. En su frente estaba escrito un nombre, un misterio: "Babilonia la grande, madre de las rameras y de las abominaciones de la tierra". Vi a la mujer embriagada con la sangre de los santos, y con la sangre de los mártires de Jesús. Al verla, quedé asombrado con gran asombro" (Apocalipsis 17:1-6).

¿Qué simboliza una mujer en la profecía? II Corintios 11:2 compara la iglesia como una novia ataviada para su casamiento: "Porque os celo con celo de Dios, pues os he desposado con un solo marido, para presentaros como una virgen pura a Cristo".

Podemos concluir entonces que si la iglesia verdadera es una mujer pura como la de Apocalipsis 12, entonces la gran ramera de Apocalipsis 17 simboliza una iglesia caída, que ha dejado los principios fundamentales de la Palabra de Dios por tradiciones de hombres falibles. Esta mujer basa su gobierno en un sistema adulterado, que presenta un cáliz de dogmas y tradiciones que engañan al mundo entero, inclusive a los reyes de la tierra. Vemos que esta mujer está sentada sobre una bestia que representa el poder político y civil. Y que ella manipulará como lo hizo desde el siglo III de la era cristiana hasta el día de hoy al mundo. Pero, ¿qué dice la Palabra de Dios sobre una ramera?

"¿No sabéis que vuestros cuerpos son miembros de Cristo? ¿Quitaré, pues, los miembros de Cristo y los haré miembros de una ramera? De ningún modo" (I Corintios 6:15-18).

Debemos delinear que esta ramera es madre de otras rameras. Deducimos entonces que las hijas también son sistemas o iglesias religiosas que hacen caso a los dictámenes de la madre, o le darán su apoyo en el futuro. Entonces, ¿cómo ha fornicado la gran ramera? Esto lo vemos en los siguientes puntos claves:

1. Está en directa desobediencia contra la verdadera Palabra de Dios, la Santa Biblia.

2. No lleva la Palabra completamente a sus fieles, sino lo que le conviene.
3. No presenta el verdadero camino a la salvación, sino sustitutos entre medio.
4. Presenta otro mediador entre Dios y el hombre.
5. Utiliza imágenes, lo cual es abominación contra Dios.
6. Ha adoptado costumbres del paganismo.

Amigo lector, si estás siendo engañado por la fornicación de la gran ramera, la Biblia dice: "Y oí otra voz del cielo, que decía: Salid de ella, pueblo mío, para que no seáis partícipes de sus pecados, ni recibáis parte de sus plagas" (Apocalipsis 18:4).

Cuando el cristianismo dejó su directivo, el amable y bondadoso Señor vino con la respuesta paulatina, creando un movimiento profético escatológico a través de las siguientes eras. ¿Cómo? Devolviendo al mundo las verdades que habían sido pisoteadas. En Su eterno amor Dios empezó a darnos escalones de regreso hacia la casa del verdadero Padre Celestial. El usó a hombres, mujeres, niños y movimientos que sacudieron al mundo de sus raíces. Estos caudillos de la fe en los próximos siglos presentaron verdades, que al acumularse, formaron el remanente para los últimos tiempos. Vayamos ahora a un recorrido de lo que aconteció, y lo que acontecerá en el tiempo del fin.

PRIMER ESCALÓN DE RETORNO

Biblia Como la Única Regla de Fe Y Práctica (Juan Wycliffe, Juan Huss, Jerónimo de Praga)

Wycliffe nació en 1320 en Inglaterra y estudió Teología en Oxford (murió en 1384). Su entrenamiento y disposición le llevaron a oponerse a la posesión de la tierra inglesa por el papado.

Desde 1376 en adelante, Wycliffe publicó tratados que

denunciaban la secularización de la iglesia. En 1377, el Papa emitió un documento oficial condenando esos tratados. Desde 1378 a 1379, Wycliffe publicó su teología en una serie de documentos. La idea central era que las Escrituras son el fundamento de toda doctrina. Este hombre hizo que la Biblia ocupara el primer lugar. Hasta este punto la tradición había sido puesta en igualdad con las Escrituras como fuente de doctrina. El vio la iglesia como una institución espiritual, no política. Por esta razón la obra pre-reformadora de Wycliffe está fundada sobre las doctrinas de la Biblia y la iglesia. Estas controversias doctrinales precisas serían el combustible que más tarde alimentarían la Reforma de Lutero. Además, él propuso ideas que eran controversiales como la pre-destinación. Para él, ¡todo había sido predestinado por Dios! Aun así, sin Wycliffe, no podría haber Reforma, o por ese medio, una traducción Inglesa de la Biblia. La traducción de Wycliffe es bien conocida y fue una influencia para Tyndale, Coverdale, y los traductores autorizados. El fue un copista antes que Lutero, fue un profesor de teología antes que Zwinglio y Melanchton, y fue un reformador antes de la Reforma.

Después de la muerte de Wycliffe no aparecería otro reformador hasta Juan Huss (1369–1415). Dios estaba ahora devolviendo al mundo Su Palabra y levantando hombres que restaurarían las verdades pisoteadas por siglos. Paulatinamente presenciamos los escalones de regreso a la verdad pura y eficaz. Diferentes hombres, en diferentes países y con diferentes culturas, pero todos unidos para restaurar al cristianismo a su estado original. Juan Huss fue el impulsor de la reforma eclesiástica checa. Nació en una familia campesina pobre del suroeste de Bohemia. Sin embargo, consiguió estudiar Teología y Artes en la Universidad de Praga y ordenarse sacerdote en el año 1400. En 1402, fue nombrado rector de la mencionada Universidad, apoyado por el sentimiento particularista checo frente a la dominación germánica. En Bohemia estaba ocurriendo una reforma parecida y sistemática contra las tradiciones de los hombres. "Conrado de Waldhausen, Milicz de Kremzier y otros combatieron la corrupción del clero, acentuando el valor de las Escrituras como regla de vida, y buscaron una participación más frecuente en la Cena del Señor".[1] Fue juntamente con estos hombres que en 1410, Huss fue excomulgado por el Obispo Zbynek, quien atacando a este héroe nacional de Bohemia, creó grandes disturbios. Huss empezó a denunciar a Juan XXIII, diciendo que con dinero no se podía obtener el verdadero perdón, que las indulgencias no tenían valor alguno. En despecho, los ciudadanos entonces quemaron las bulas papales, causando una pronta reacción de parte de Roma. Para esa época el gran concilio de Constanza se aproximaba y estos desafíos tendrían que ser encarados con rudeza.

A Huss se le prometió un salvoconducto por el emperador Segismundo, para asistir al concilio y responder a las acusaciones. Sin embargo, como veremos, la política promete y rompe sus acuerdos cuando le conviene, porque generalmente está basada en la mentira. El único que promete y cumple está sentado en Su trono en el cielo. Huss sabía que peligraba su vida, pero movido por el Espíritu Santo, decidió ir a dar razón de las verdades fundamentales que había descubierto. El pensaba que el concilio lo apoyaría y protegería. Al arribar a Constanza, inmediatamente fue tomado preso.

Sus enemigos lanzaron grandes acusaciones no fundadas en las Escrituras, sino en el odio atroz que los dominaba. Este concilio además, promulgó un edicto para que se exhumase el cadáver de Wycliffe y fuese quemado. ¡Verdaderamente se creían dioses! El concilio de Constanza le hizo saber a Huss que tendría que obedecer sus dictámenes. Insistieron en la completa sumisión de Huss, pero el reformador no se doblegó. El les pidió que con la Biblia le demostraran sus falacias. ¡Por supuesto que no pudieron responderle! Huss fue condenado y ejecutado en la hoguera, el 6 de julio de 1415. Cuenta la historia que él fue a la hoguera como si fuera a una boda, con una expresión de paz que le embargaba y no gimió. Más adelante, uno de sus seguidores, llamado Jerónimo de

La Respuesta de Dios

Praga, también sufrió la hoguera. "En su primera comparecencia ante el concilio, sus esfuerzos para contestar los cargos que se le impugnaban, apenas se oían entre los gritos: "¡A la hoguera con él! ¡A las llamas!". Fue arrojado en un calabozo, lo encadenaron en una postura muy penosa y lo tuvieron a pan y agua. Después de algunos meses, las crueldades de su encarcelamiento le causaron a Jerónimo una enfermedad que puso en peligro su vida, y sus enemigos, temiendo que les escapase, le trataron con menos severidad, aunque dejándole en la cárcel por un año".[2]

"El concilio de Constanza resolvió que en vez de quemar a Jerónimo, se le obligaría, si posible fuese, a retractarse. El ánimo de Jerónimo decayó y se sometió a la voluntad del concilio. Se comprometió acatarse a la fe católica y aceptó el acto de la asamblea que condenaba las doctrinas de Wycliffe y de Huss. Por medio de su retracto Jerónimo trató de acallar la voz de su conciencia y librarse de la condena; pero, cuando volvió a la celda, a solas consigo mismo se dio cuenta de la magnitud de su acto. Comparó el valor y la fidelidad de Huss con su propia decisión. Pronto fue llevado otra vez ante el concilio, pues sus declaraciones no habían dejado satisfechos a los jueces. Negó su anterior retractación y cuando estaba por morir, exigió que se le diera oportunidad para defenderse. Temiendo los prelados el efecto de sus palabras, insistieron en que se limitara a afirmar o negar lo bien fundado de los cargos que se le hacían. ¡Jerónimo protestó! Al censurarse a sí mismo por haber negado la verdad, dijo Jerónimo: 'De todos los pecados que he cometido desde mi juventud, ninguno pesa tanto sobre mí, ni me causa tan acerbos remordimientos como el que cometí en este funesto lugar, cuando aprobé la inicua sentencia pronunciada contra Wycliffe y contra el santo mártir, Juan Huss, maestro y amigo mío.'"[3]

Le condujeron enseguida al mismo lugar donde Huss había dado su vida. "Fue al suplicio cantando, iluminado el rostro de gozo y paz. Fijó en Cristo y el cielo su mirada y la muerte ya no le daba miedo alguno. Cuando el verdugo, a punto de prender la hoguera, se puso detrás de él, el mártir exclamó: "Ven por delante, sin vacilar. Prende la hoguera en mi presencia. Si yo hubiera tenido miedo no estaría aquí". Las últimas palabras que pronunció cuando las llamas lo envolvían fueron una oración: "Señor, Padre Todopoderoso, ten piedad de mí y perdóname mis pecados, porque tú sabes que siempre he amado tu verdad".[4]

De acuerdo al plan divino, la reforma seguiría en respuesta a la caída del cristianismo tradicional. Notemos que estos hombres no eran de otra iglesia, sino eran practicantes de la única madre iglesia de ese tiempo. Eran sacerdotes, profesores y teólogos, con convicciones profundas sobre el camino de la salvación. El fuego de Cristo ardía en sus corazones. No les importaba la vida o la muerte, sino servir a Jehová de todo corazón.

En el libro de Mateo, capítulo 28 y versículo 20, leemos: "He aquí Yo estoy con vosotros todos los días, hasta el fin del mundo". Para ilustrar este concepto quiero referirme a una historia de la segunda guerra mundial que me contaron y voy a resumirla de la siguiente manera: En agosto de 1944, las fuerzas aliadas avanzaban rápidamente, reconquistando el territorio en poder de los ejércitos de Hitler. Sin embargo, el alto comando alemán parecía estar dispuesto no solamente a resistir, sino también a iniciar una contraofensiva. Anticipándose a los planes de las fuerzas germánicas, los aliados decidieron iniciar inmediatamente una arriesgada embestida contra el enemigo. El 17 de septiembre, un batallón aliado se preparaba para atacar la pequeña ciudad de Arnhem, en Holanda. Los soldados serían lanzados con paracaídas detrás de las líneas alemanas. Un joven, visiblemente nervioso, se aproximó al capellán y le dijo: "Señor Capellán, por favor acuérdese de nosotros en sus oraciones. Pídale a Dios que nos ayude a saltar con seguridad y que ninguno de nosotros muera en esta misión".

–'Joven, yo oraré al Señor, respondió el capellán; pero no puedo prometer que todos los soldados escaparán con vida en este ataque. Sin embargo, hay una cosa que prometo. Yo saltaré con usted. Estaré a su lado en Arnhem'.

Así es nuestro Dios. El, no promete librarnos de las angustias, sufrimientos, e incluso, de la misma muerte. Sin embargo, podemos estar seguros de que El estará a nuestro lado en cada paso y circunstancia de nuestra vida.

El Doctor F.W. Boreham recuerda en uno de sus libros, que en 1856, cuando David Livingston, el gran misionero del África, se levantó en la Universidad de Glasgow, entonces repleta, para recibir el grado de Doctor Honoris Causa que la universidad le confería, tenía en su cuerpo las marcas de las luchas y sufrimientos vividos en el África, y su brazo izquierdo paralizado, ya que había sido gravemente herido por un león. En lugar de los habituales aplausos, un silencio dominó el auditorio. Aprovechando la oportunidad, Livingston, anunció su determinación de volver al África para continuar su obra misionera. Y añadió: –"¿deseáis saber dónde encuentro la motivación para trabajar entre un pueblo cuya lengua no entiendo y cuya actitud para conmigo es muchas veces hostil?" La encuentro en la promesa del Señor: "He aquí yo estoy con vosotros todos los días, hasta el fin del mundo".[5]

El salmista dice, "¿Por qué te abates oh alma mía y te turbas dentro de mí? Espera en Dios; porque aún he de alabarte salvación mía y Dios mío" (Salmos 42:5). David sabía dónde encontrar auxilio, cuando era azotado por las tempestades o amenazado por los adversarios. Si el universo fuera únicamente materia o energía, sin una providencia para guiarlo, tendríamos razones para afligirnos y temer eventuales catástrofes en la naturaleza y en la vida humana. Sin embargo, el hombre tiene su confianza puesta en el todopoderoso. "El Dios de esperanza" (Romanos 15:13).

Con Pablo podemos decir que Cristo es en nosotros la esperanza de gloria (Colosenses 1:27). El llena nuestro corazón de gozo y paz. Las tempestades pueden sacudirnos y las nubes pueden esconder el sol durante días, sin embargo, como hijos del Dios de esperanza, podemos aguardar confiados el fin de la tormenta.

Referencias

1 Walker, Williston. *Historia de la Iglesia Cristiana*, p. 302.
2 *Bonnechose*, T. 1, p. 234.
3 *Ibid*, Lib. 3, pp. 185, 186.
4 *Ibid*.
5 F.W. Boreham. *A Bunch of Everlastings*, pp. 129-131.

LA REFORMA

CAPÍTULO VII | LA REFORMA

SEGUNDO ESCALÓN DE RETORNO

Justificatión for la Fe—Martín Lutero (1517)
¡La situación en Europa era crítica! La Iglesia de Roma había forzado impuestos religiosos intolerables. Además, la iglesia imponía los nombramientos eclesiásticos. El sistema de indulgencias minaba el tema de la salvación, porque solo los adinerados podían comprar absolución de pecados. Asimismo, muchos del clero daban muy mal ejemplo con sus vidas lisonjeras y de poca piedad. Las ciudades comerciales se encontraban estrujadas por los altos impuestos y los muchos días feriados conmemorando a los santos. Los monasterios también se adueñaban de grandes extensiones cultivables y no había suficientes tierras para el común del pueblo. El humanismo intelectual estaba filtrándose en muchas de las áreas de la sociedad y esta conmoción trajo gran pánico en todas las esferas político-religiosas.

"Mientras esta discusión estaba en su punto culminante, fue cuando una protesta contra un abuso eclesiástico, hecha el 31 de octubre de 1517, en forma nada espectacular o inusitada, por un monje, profesor en una universidad alemana relativamente poco conocida, halló inmediata respuesta y puso en marcha la revolución más gigantesca en toda la historia de la iglesia romana".[1]

Martín Lutero fue el originador de esa protesta. Yo diría que fue un simple hombre que cambió la historia humana y abrió las puertas para el derecho libre de expresión. No fue un gran erudito, pero movió a las multitudes por su gran sentimiento religioso y su confianza en el poder de Cristo, su Salvador. El quería simplificar la salvación, apartándose de las grandes estructuras de la edad medieval. Hablaba al común del pueblo con un lenguaje sencillo y eficaz. Era hijo de un padre minero que deseó dar a su hijo una educación. Lutero estaba angustiado por su pecaminosidad y no veía salida de esa trampa oscura. Entró en el monasterio de los eremitas agustinos en Erfurt, en 1505. Esta orden seguía las enseñanzas de Agustín y Bernardo. En la vida monástica Lutero se distinguió enormemente. En 1507 fue ordenado como sacerdote. Al siguiente año, él se encontraba dando una cátedra en la Universidad de Wittenberg y allí se graduó de Bachiller en Teología. Por razón de su orden, se propuso en hacer un peregrinaje a Roma alrededor del 1510. Al regresar a Wittenberg siguió sus estudios, graduándose con un doctorado en Teología en 1512. Inmediatamente empezó a dar conferencias sobre los libros de Salmo, Romanos, Gálatas, Hebreos y Tito. Luego llegó a ser encargado de once monasterios como vicario distrital. Dentro de su orden fue reconocido como un hombre de alta piedad y dedicación. A pesar de todos estos logros, Lutero no hallaba la paz que buscaba, porque el peso de su pecado lo agobiaba.

Staupitz, profesor y teólogo universitario, ayudó a Lutero a reconocer que la verdadera penitencia no comienza con el temor al castigo, sino con el amor a Dios. Lutero empezó a darse cuenta que la salvación no era causa de algo meritorio que el hombre hiciera. La sangre de Cristo lo perdonaría completamente sin reparos. ¡La salvación es un don de Dios! Entonces la justicia por obras fue reemplazada por la Justificación por la Fe. "Desde entonces, en su propia experiencia personal, la suma del evangelio fue el perdón de los pecados. Era una "Buena Nueva" que llenaba el alma de paz, gozo y confianza en Dios. Era absoluta dependencia de las promesas divinas, de la Palabra de Dios".[2]

Por esta razón Lutero fue llevado a cuestionar y comprobar a su iglesia sus creencias fundamentales, especialmente las obras y las penitencias. Lutero ya no estaba solo, porque muchos se unieron con este mensaje espeluznante.

"En 1517 se le presentó a Lutero la ocasión de aplicar su nuevo concepto de la salvación a un flagrante abuso. El Obispo León X había accedido a los deseos de Alberto Branderburgo de que le permitiera ejercer el puesto de arzobispo de Maguncia y la administración del obispado Halberstadt, siendo un argumento importante para esa decisión el pago de una fuerte suma. Para resarcirse, Alberto consiguió que se le concediera la mitad de lo que produjera en su distrito las ventas de las indulgencias que el obispo de Roma estaba emitiendo, desde 1506, para la construcción de la nueva basílica de San Pedro, que todavía ahora es uno de los ornamentos de Roma".[3]

"Uno de los encargados de recaudar esos fondos era Juan Tetzel, un monje Dominico de gran elocuencia. Cuando Tetzel estaba cerca no se le permitió entrar en el electorado de Sajonia. Lutero predicó contra el abuso de las indulgencias y el 31 de octubre de 1517, clavó en la puerta de la iglesia del castillo de Wittemberg, las 95 Tesis".[4]

Lutero quería presentar que el verdadero tesoro de la iglesia es la gracia perdonadora de Cristo. En la tesis 36 escribió lo siguiente: *"Todo cristiano verdaderamente arrepentido tiene derecho a la plena remisión de la pena y la culpa, aún sin cartas de perdón".* Por consecuencia, Lutero fue inmediatamente acusado de herejía.

En junio de 1518, el Obispo de Roma, León X, citó a Lutero a comparecer delante de él. El erudito y teólogo romano, Silvestre Mazzolini fue encomendado a refutar las teorías de Lutero. Este afirmó: "Que la Iglesia Romana es representativamente el Colegio de Cardenales, y además es virtualmente el Sumo Pontífice" y el que dice "que la Iglesia Romana no puede hacer lo que hace con respecto a las indulgencias, es un hereje".[5]

"Si Federico, el sabio, no lo hubiera protegido a Lutero, todo esto hubiera terminado súbitamente. Más adelante, el teólogo

Cayetano, representante de Roma, ordenó a Lutero que se retractara especialmente en la posición sobre la infalibilidad papal. Lutero, por supuesto, se negó contra ello.

Luego, Lutero apeló a la iglesia para que se efectuara un concilio general, pero la iglesia temía en gran manera acceder a tal concilio. El gran reformador tuvo muchos adeptos en los próximos meses y uno en particular, llamado Felipe Melanchton. Gracias al compañerismo de estos dos reformadores, la reforma tomó una dirección y una posición inconfundible. Melanchton era tímido, pero también era un gran teólogo con un conocimiento de las lenguas originales de la Biblia. El obispo de Roma, tratando de disuadir al protector de Lutero (me refiero al Elector Federico), le mandó con su emisario Carlos de Miltitz una rosa de oro como presente, diciéndole de esa manera que él favorecía a Federico para ser el próximo emperador. Siempre la política circundaba a la supuesta iglesia de los apóstoles con sobornos y mentiras. Pienso que si los discípulos de Cristo hubiesen estado en dicho lugar, hubieran furtivamente denunciado tales prácticas. La fe primitiva verdaderamente había desaparecido. "Para ese entonces, Lutero ya había rechazado la autoridad del obispo de Roma, y ahora admitía que los concilios habían crrado muy a mcnudo cn el pasado. Esto resultaría en la ruptura final de su movimiento con las autoridades eclesiásticas que reinaban. Empezó inmediatamente a publicar tratados que se diseminarían por todo Europa, como ser: *"De Las Buenas Obras, La Nobleza Cristiana de la Nación Alemana y la Cautividad Babilónica de la Iglesia"*.[6]

Todo llegó a su climax en la Dieta de Worms, cuando Lutero compadeció delante de los prelados del imperio, Carlos V y los representantes de Roma. Allí él se defendió con poder y firmeza y no se retractó de su ideología. Las autoridades mandaron a quemar todos sus escritos. Sin embargo, ningún edicto imperial pudo llevar a este caudillo al martirio, porque el poderoso Duque Federico lo protegió el resto de su vida en el Castillo de Wartburgo. Dios tenía un plan como resultado de la vida de este predicador. Estaba el Todopoderoso devolviendo al mundo la oportunidad de aprender la verdadera salvación. Satanás se impuso contra este plan, pero Dios siempre tiene la última palabra. Así mismo ocurrirá en el tiempo del fin: Dios y su remanente saldrán victoriosos.

Lutero ofreció a Alemania y a Europa una versión de la Biblia que todo laico podría estudiar y comprender. El problema con esto es que si uno le da el derecho a los laicos de leer las Sagradas Escrituras, el resultado es un despertar de protesta que nadie puede parar. Por esta razón se conoció de ahí en adelante a los que no se acoplaban a las enseñanzas de Roma, como protestantes. La liturgia cambió y un nuevo himnario que el populacho pudiera cantar, fue introducido. Muchos de estos himnos se cantan en diferentes iglesias hasta el día de hoy. Las imágenes también empezaron a desaparecer en el movimiento protestante. De esta Reforma se puede decir que surgió la separación de diferentes denominaciones, pero todas tenían un mismo sentir. ¡Qué cambio! La autoridad de Roma había sido desafiada.

Pero durante este período empezó la contra Reforma de Roma. En el Concilio de Trento se buscó reformar a la iglesia: Se propuso la formación teológica de los obispos, se establecieron medidas de disciplina para los sacerdotes y se crearon seminarios para que los nuevos sacerdotes tuvieran una preparación religiosa adecuada para poder enseñar la fe católica.

Se reafirmaron todos los puntos de la doctrina frente al movimiento protestante que avanzaba y entre estos puntos la Iglesia Apostólica Romana aprobó lo siguiente:

- Se rechazó la idea de la Biblia como fuente única de doctrina (son de igual importancia la Sagrada Tradición Apostólica y el Magisterio de la Iglesia católica que junto con la Biblia hacen parte del único depósito de la fe).
- La salvación es por gracia de Dios mediante la fe y las obras

juntas (Decreto de la Justificación).
- La Eucaristía es la consagración del pan en el cuerpo de Cristo y del vino en su sangre, que renueva mística y sacramentalmente el sacrificio de Jesucristo en la Cruz.
- La veneración a las imágenes iconográficas y a las Reliquias, especialmente el culto a María como virgen y a los Santos. También se confirmó la existencia del Purgatorio.
- Se trató de unificar los ritos de la Iglesia Occidental en uno solo, la Misa tridentina.

Otro evento que sacudió a Europa fue en 1618 cuando estalló una guerra en Alemania entre los de la iglesia Universal y los protestantes, que duró treinta años. De ahí que se la conozca como la Guerra de los Treinta Años. Esta guerra pronto se extendió como un incendio, en una guerra internacional que no sólo tenía causas religiosas, sino también políticas y económicas. Los diversos tratados del año 1648 que pusieron fin a la guerra con la Paz de Westfalia.

Después de este conflicto, las monarquías empezaron poco a poco a independizarse de Roma y su influencia. Un deseo de estudiar la Palabra de Dios por si mismos se proliferó por todo el mundo. También empezaron a aparecer varias traducciones y versiones de la Biblia. Cuando la sociedad tiene opciones, los cambios radicales ocurren. Dios nos da la libertad de pensamiento, solo los hombres desean restringir esas libertades por la inseguridad que les acarrea.

¿Qué hubiera sido de esta protesta si la Red Social hubiera existido en aquel entonces? Esto nos lleva a la tercera etapa del regreso de la verdad en un mundo de apostasía.

Referencias

1 Walker, Williston. *Historia de la Iglesia Cristiana*, p. 336.
2 Ibid, p. 339.

3 Kidd, *Documents Illustrative of the Continental Reformation*, pp. 12-20.

4 Wace, Buchheim. *Luther's Primary Works*, pp. 117-124.

5 Kidd, *Documents Illustrative of the Continental Reformation*, pp. 31, 32.

6 *Luther's Primary Works*, pp. 141-245.

CAPÍTULO

VIII

LA PROLIFERACIÓN DE LA PROTESTA

Capítulo VIII | LA PROLIFERACIÓN DE LA PROTESTA

TERCER ESCALÓN DE RETORNO

Crecimiento Espiritual—Juan Calvino (1541)

El siglo XVI, para la iglesia romana, implicó un tiempo de crisis y controversia. Conocida popularmente como Reforma Protestante y con la intención de revitalizar el cristianismo, este movimiento promovió a dos exponentes, Martín Lutero y Juan Calvino. Este último estudió en College de la Marche y en College de Montaigne. Siendo su padre abogado, el mandato paterno exigía el cumplimiento de la carrera de leyes, algo que completó en la Universidad de Orleans, pero, durante esta época de estudio, Calvino fue influenciado con las ideas reformistas que cambiaron su futuro totalmente. Al convertirse Calvino a la Reforma, se convirtió al protestantismo y se destacó como un defensor de la verdad. También se ocupó con autoridad en defender su pensamiento a todo costo. Al negar la autoridad de la Iglesia de Roma, resaltar la importancia de la Biblia, sostener que la salvación no es por obras sino en la fe, y al hablar sobre el crecimiento espiritual, lo obligaron a dejar su país de origen y asentarse en Basilea, Suiza, donde su teología lograría una notoria acogida. También llegó a ser una importante figura política en Suiza, luchando constantemente contra el Duque de Alba.

"Para asegurar la observancia de su propuesta se creó el Consistorio de ancianos y de pastores, un órgano que se ocupaba de vigilar las conductas y de reprimir aquellas desviadas, como ser:

78

el juego, la bebida, el baile, las canciones obscenas, el adulterio, entre otras cuestiones prohibidas. Y también se ocupó de perseguir con violencia a aquellos que se oponían a su sistema que quedó limitado a la oración y recitación de salmos en templos en los que se eliminaron altares, santos y velas".[1]

Mientras tanto, en la ciudad de Ginebra, Calvino era el principal colaborador de Guillermo Farel en la tarea de la Reforma. A fines de noviembre de 1536, Calvino, como abogado de profesión presentó ante el Consejo una Confesión de Fe de 21 artículos que el pueblo debía aceptar bajo juramento, demostrando sus habilidades de organización y estructura. Unos meses más tarde, a mediados de enero de 1537, los dos predicadores presentaron otro documento en el que pedían cuatro reformas básicas por la Iglesia de Ginebra:

1. "Que nadie participase de la Santa Cena si no era con verdadera piedad y genuina reverencia. Por tal razón y a fin de mantener la integridad de la Iglesia, era necesaria la disciplina. Calvino también pedía que la Cena del Señor se celebrara con más frecuencia.
2. Que se reformaran las leyes concernientes al matrimonio según la Palabra, ya que el Papa las había confundido de tal modo, dictando decretos a su antojo.
3. Que los niños fuesen catequizados por sus padres, y que en ciertas ocasiones del año comparecieran ante los pastores para asegurarse de que realmente estaban aprendiendo la Palabra de Dios.
4. Que el pueblo participara activamente en los servicios de adoración cantando salmos. 'Hay salmos que deseamos sean cantados en la iglesia. Si se adopta la reforma, la gente tendrá que cantar en las iglesias. No han cantado durante siglos. Ni siquiera han entendido el latín cantado por los sacerdotes' ".[2]

"A la edad de 29 años, pasó 3 años en Estrasburgo, en donde sirvió como pastor hasta 1541, disfrutando de un tiempo de descanso y paz. Allí se dedicó a escribir, componiendo un himnario con 18 salmos, el credo apostólico con música, 17 capítulos de su libro La Institución de la Religión Cristiana, un estudio sobre la Carta a los Romanos, entre otros. Calvino regresó a Ginebra el 13 de septiembre de 1541 para no volver a salir".[3] "Ginebra se convirtió en una escuela de preparación de líderes. La Academia de Ginebra se estableció en 1559 y, para el tiempo en que el sucesor de Calvino, Teodoro de Beza, se retiró, se habían entrenado unos 1,600 hombres para el ministerio. De igual manera, inspirados por la visión de Calvino, Ginebra se convirtió en un núcleo misionero muy importante".[4] "Este esfuerzo evangelístico produjo resultados sorprendentes, con Juan Knox, sobre todo en Escocia, y en Francia. En 1555 sólo había una Iglesia Reformada, completamente organizada en Francia. Siete años más tarde eran cerca de dos mil, algunas de ellas con un tamaño considerable. Durante la década de 1560, más de dos millones de franceses pertenecían a tales iglesias en una población de veinte millones".[5]

Verdaderamente Calvino fue una gran influencia para Europa y después para otras partes del mundo. Todo movimiento tiene cosas negativas y positivas y así también ocurrió con el calvinismo y sus derivados. Pero no podemos negar que este movimiento trajo cambios positivos, además de radicales. El mundo necesitaba estos reformadores para contrarrestar la reinante apostasía. De esta manera Dios seguía devolviendo a los seres humanos la esperanza de un nuevo amanecer.

CUARTO ESCALÓN DE REGRESO:

Los Laicos Lideran—Juan Knox, Iglesia Reformada (1560)

Visitando en el 2015 la ciudad de Edinburgo, Escocia, tuve el privilegio de compenetrarme más en el ministerio significante de Juan Knox. Al entrar a la Catedral de St. Mary, donde Knox predicaba y ver el mismo púlpito que él usaba, me embargó una profunda emoción concerniente a este reformador. Fue un predicador que no tuvo miedo a ningún poder terrenal y vivió bajo sus convicciones hasta el día de su muerte. Ya en época temprana había habido algunos brotes del protestantismo en Escocia. El gran predicador Patricio Hamilton fue quemado el 29 de febrero de 1528, por presentar las ideas de salvación que Lutero postulaba. Más adelante hubo varias ejecuciones de otros reformadores. Por consiguiente, el Cardenal Beaton se unió con el partido francés, trayendo una gran represión a los que querían pensar libremente. Este cardenal se encargó de quemar a Jorge Wishart, un gran predicador de la Reforma Escocesa. Un grupo que estaba en contra del cardenal, lo asesinó por sus pólizas despóticas y luego tomaron posesión del Castillo de San Andrés, un sitio de gran importancia geográfica para la ciudad de Edinburgo y todo Escocia. Dándose cuenta de las malas intenciones de la iglesia de Roma, este grupo eligió y protegió al predicador perseguido, llamado Juan Knox, el héroe de la Reforma Escocesa. Aunque fuera ordenado como sacerdote, él estuvo asistiendo a Jorge Wishart antes y durante su martirio. Francia, con su rey católico, retomó el castillo y llevaron preso a Juan Knox por 19 meses, a pasar grandes peripecias en manos de sus verdugos.

"Al ser suelto, se fue a Inglaterra y fue puesto como capellán del Rey Eduardo VI. Pero la ascensión de la Reina María la Sangrienta lo obligó a huir a Ginebra, donde pronto se hizo discípulo de Calvino. Allí trabajó en la versión de la Biblia Ginebrina en el inglés, que llegó a ser la versión predilecta más adelante por los puritanos. En el 1555 regresó Knox a Escocia para unirse al movimiento de libertad. El 3 de diciembre de 1557 una gran cantidad de nobles protestantes hicieron un pacto para establecer la Palabra de Dios y su congregación. Estos llegaron a ser conocidos como "Los Señores de la Congregación"".[6]

La Reina María de Inglaterra estaba constantemente en contrapunto con la Reina María de Escocia. La denominaba como la usurpadora de los franceses. Al ver estas luchas, Knox regresó a Escocia después de varias huidas, para encabezar finalmente los asuntos religiosos y la reforma que quería efectuar. Knox llegó a ser el ministro de St. Giles y constantemente denunciaba desde el púlpito a María de los Escoceses por su libertinaje. Con la caída de María, por las muchas intrigas políticas y continua promiscuidad, el protestantismo llegó a su apogeo en Escocia en manos de Juan Knox. Podemos decir que uno de los mejores resultados de la Reforma de Knox fue la implementación de los principios de Lutero y Calvino. Además, introdujo la realidad que los laicos o miembros comunes de la iglesia también podían liderar en los negocios de Dios. De esta manera, quitó el monopolio del clero en Escocia. Hizo la liturgia y la religión en algo apetitoso para el común del pueblo. También les dio la libertad a todos para escudriñar las Escrituras.

Dios estaba usando a estos caudillos estratégicamente en diferentes puntos cardinales de Europa, para que se devolviera la piedad de la iglesia primitiva en la influencia a todo el mundo. Al mismo tiempo de la gran proliferación del protestantismo en el continente Europeo, Roma reaccionó y cometió actos deplorables para contrarrestar al crecimiento de los protestantes, llamados Hugonotes. ¿Cómo lo hizo? Con la gran matanza de San Bartolomé.

Veamos los eventos relevantes de dicho acto: El 22 de agosto de 1572, comenzó la sangrienta masacre. Esta debía ser un golpe mortal para destruir el movimiento protestante en Francia, el cual era detestado por la madre del rey, Catalina De Medici, una gran aliada del obispo de Roma. El Rey de Francia, Carlos IX, había maquinado un matrimonio entre su hermana y Enrique de Navarra, hijo de un líder protestante, con el fin de unir estos dos partidos opuestos. Hubo una gran fiesta con mucha celebración. Después de cuatro días de festejos, se les dio una señal a los soldados del rey y a las doce de la noche, las casas de todos los protestantes de la ciudad fueron abiertas a la fuerza. El Almirante Gaspar de Coligny, un alto líder protestante, fue asesinado. Su cuerpo fue tirado por la ventana hacia la calle, donde fue decapitado y su cabeza fue enviada al líder de Roma. También cortaron sus brazos y sus genitales y por tres días su cuerpo fue arrastrado por las calles hasta que decidieron colgarlo de los talones en las afueras de la ciudad. Además, asesinaron a muchos otros conocidos protestantes. Dicen los historiadores de la época que, durante los tres primeros días, más de diez mil fueron atacados y asesinados. Los cuerpos eran echados al río y de acuerdo a testigos oculares, la sangre fluyó por las calles hasta que pareció como una corriente de sangre. Los historiadores de la época además añaden que tan fanática fue la locura bestial, que los emisarios asesinos aún despedazaban a sus propios seguidores si sospechaban que no eran muy fuertes en su creencia en el Obispo de Roma. Desde París, la masacre se extendió a todo el país, donde decenas de miles perecieron una muerte cruenta. Pocos protestantes escaparon la muerte en manos de sus perseguidores.

Mientras más afloraban las verdades pisoteadas por el cristianismo apóstata, el resentimiento de Roma traía una reacción violenta en contra de los que no pensaban igual que ella. Y pensar, ¡que todo fue hecho en el nombre de Cristo! Aun así, el movimiento de la Reforma no podía ser estancado por ningún poder eclesiástico. Mientras más se trataba de opacar la voz de Dios, más sobresalía la Luz del mundo, Cristo Jesús.

QUINTO ESCALÓN DE REGRESO:

El Bautismo Por Imersión—Roger Williams (Norte America, 1639)

La influencia europea también fue acarreada a Norteamérica, trayendo consigo mismo un despertar en las colonias. Uno de estos movimientos ocurrió cuando se estableció la Colonia de Rhode

Island. En 1636, Roger Williams fundó la ciudad que hoy se llama Providencia. Rhode Island se transformó en un territorio de libertad de pensamiento y expresión religiosa. En dicho lugar, en 1639, se estableció la primera Iglesia Bautista. Roger Williams enfatizó que el verdadero bautismo por inmersión debía ser practicado e incorporado de nuevo en las iglesias cristianas, devolviendo al mundo la esperanza de un nuevo nacimiento en Cristo Jesús. Gracias a Roger Williams, los Cuáqueros hallaron refugio en su tierra. Esta influencia abrió paso para que muchos otros movimientos predicaran verdades que se habían dejado al olvido por más de 15 siglos.

Williams enfatizaba la adoración a Dios, en Su Hijo, Cristo Jesús. También decía que el arrepentimiento y la fe en Dios es lo básico en el caminar del cristiano. Detestaba las ordenanzas y prácticas de adoración impuestas por la corona de Inglaterra porque deseaba una fe pura, simple y sincera. Su predicación denunciaba la unidad del estado con la religión. Promovía la tolerancia completa de expresión libre y gracias a eso miles se allegaban a ese territorio. Se puede decir de este personaje que fue uno de los primeros en tratar de abolir la esclavitud en Norteamérica y su influencia hizo que cambiaran muchos que apoyaban esa deplorable costumbre. Además, se llevó muy bien con las tribus indígenas, aprendiendo sus dialectos. La verdad es que si existiesen políticos de este calibre hoy en día, el mundo sería diferente. Este hombre escribió lo siguiente sobre la separación de la Iglesia con el Estado:

"La iglesia de los judíos bajo el Antiguo Testamento en el tipo y la iglesia de los cristianos bajo el Nuevo Testamento en el anti tipo, estuvieron separadas del mundo; y cuando abrieron un hueco en el seto o muro de separación entre el jardín de la iglesia y el desierto del mundo, Dios nunca derrumbó la pared en sí, ni quitó el candelabro haciendo su jardín en un desierto".[7]

Vemos que el Presidente Jefferson, en su discurso inaugural, extrajo las palabras célebres como Roger Williams, cuando mencionó *"el muro de separación"*, para reafirmar esta separación y la importancia de la primer enmienda a la Constitución de los Estados Unidos. Debemos recordar estas palabras, porque ellas son las que han formado la gran nación de los Estados Unidos de América. Estimado lector, recuerda estos datos, porque en el tiempo del fin, el anticristo, la bestia y la gran ramera buscarán con todas fuerzas modificar la Constitución Americana para unir el poder civil con una religión oficial. A menudo se ven vestigios y se ven muestras, de cómo los políticos de este país están estrechando sus manos con Roma, buscando formar un nuevo orden mundial. ¡Cuán rápido se puede olvidar las razones por las cuales esta nación fue fundada!

SEXTO ESCALÓN DE REGRESO:

Guía Del Espíritu Santo—Jorge Fox (Sociedad de Amigos, 1650)

Durante el mismo tiempo de Roger Williams, brotó un movimiento con orígenes europeas, en las colonias americanas, llamado los Cuáqueros. La palabra viene del verbo en inglés "quake" que significa "temblar". Se les aplicó este apodo por su manera de actuar al orar, al buscar la guía del Espíritu Santo. Jorge Fox fue uno de los más brillantes religiosos de la historia inglesa. Odiaba la falsedad y promovía la piedad primitiva. Su teología era una combinación entre los Anabaptistas y otros movimientos de Inglaterra. De Jorge Fox se dijo: "Sintió que el cristianismo no es algo que se profesa exteriormente, sino una luz interior con la cual Cristo ilumina el alma del creyente… El Espíritu Santo habla directamente por medio de nosotros, dándonos un mensaje y estimulándonos al servicio".[8]

Fox también veía que los sacramentos son verdades interiores espirituales. Los juramentos no son tan importantes porque la palabra de un cristiano debía ser suficiente. Añadía que la guerra era ilícita para el cristiano. Decía con gran fuerza que la esclavitud era algo completamente inmoral y también fue una gran influencia para que el Norte de Estados Unidos fuera el primer lugar que más adelante repudiara la esclavitud. Enfatizaba constantemente la honradez espiritual. Este movimiento Cuáquero halló mucha oposición en Inglaterra por los formalistas que habían olvidado el espíritu de la verdadera reforma. El celo misionero de este grupo era admirable. Sus misioneros llegaron hasta Jerusalén, Alemania, Holanda, Austria y las Indias Occidentales. Para 1656 llegaron al estado de Massachusetts y para 1661 cuatro de ellos fueron martirizados por su agresividad misionera en ese lugar. Los cuáqueros fueron multados, y alrededor de 400 de ellos murieron en los calabozos por no acatarse a la corona inglesa, pero a ellos no les importaba perder sus vidas para honra y gloria de Cristo. Debemos recalcar que uno de los mejores cuáqueros se llamó Guillermo Penn, el fundador de la colonia de Pennsylvania. También fue uno de los más grandes predicadores y defensores de la fe. Penn tuvo finalmente la concesión del rey Carlos II para afincarse en este territorio y fundar la ciudad de Filadelfia. Estos grandes pioneros marcaron las pautas para un país joven y lleno de oportunidades, dándole principios éticos morales que hasta el día de hoy se presencian en nuestra sociedad. Debemos recalcar que cada vez que se añadía un poco más de luz a la luz previa, había gran reacción opositora en el mundo. Esto muestra que Satanás siempre está activo cuando se ve amenazado, porque él desea que todas las cosas queden estancadas, en cuanto al avance de la obra de Dios.

SÉPTIMO ESCALÓN DE REGRESO:

Estudio de La Biblia—Nuevo Nacimiento (Juan Wesley, 1784)
"Gran Bretaña estaba en víspera de la revolución industrial que habría de transformarla de país agrícola a fabril. Jaime Watt patentó

en 1769 la primera máquina a vapor realmente efectiva. Jaime Hargreaves en 1770 patentó la máquina de hilar. Ricardo Arkwright produjo el uso mecánico en 1768. Edmundo Cartwright inventó el telar mecánico en 1784. Josías Wedgewood, 1762 en adelante, hizo funcionar con éxito las alfarerías de Staffordshire".[9]

Esto trajo grandes repercusiones y consecuencias para las nuevas religiones y también a las más antiguas. En ese tiempo crucial de la historia del mundo, relucieron dos grandes predicadores que ofrecieron el camino de la salvación. Estudiosos de la Biblia, descubrieron las verdades fundamentales para una sociedad acelerada hacia el progreso y el enriquecimiento. Me refiero a Juan Wesley y Jorge Whitefield. Ambos veían el estudio de la Biblia como el secreto para la felicidad e introdujeron los grupos pequeños para estudiar la Biblia. Además, ellos anunciaban que solo la Palabra de Dios es la respuesta para toda incógnita. Para estos hombres el nuevo nacimiento es algo vital en el caminar del cristiano. El cambio siempre es de adentro para afuera. Solamente si dejamos que Cristo utilice nuestro potencial, vendrá el nuevo nacimiento. Wesley era muy agresivo en presentar la verdad que él había experimentado, pero la gente veía en él una pasión por salvar el alma perniquebrada. Así mismo Whitefield era aún más bélico en sus predicaciones, y menciono esto, aunque era un predicador dotado y candente. Algunos lo llamaban el predicador de "Fuego y Azufre". Sin embargo, ambos caudillos amaban de todo corazón a su Salvador y amaban las almas. No perdían el tiempo en pormenores, sino que dedicaban toda su vida en la salvación de los pecadores. Estos misioneros fueron también una influencia permanente para otros predicadores que fueran pioneros de sus propios movimientos, porque eran maestros diestros en la oratoria. Jamás se escabullían de un debate que tuviese que ver con la verdad candente.

Podemos decir que esta fue la época del surgimiento de los grandes evangelistas que alcanzarían las masas. Miles asistían a las reuniones de estos grandes predicadores. Los más jóvenes de la sociedad se llenaron del fuego misionero en ese tiempo. Esta época fue una de gran avivamiento en Inglaterra y en las Américas. Comentarios Bíblicos fueron escritos y muchos libros aplicables a la experiencia de la conversión. Había gozo y alegría dentro de las iglesias y miles de personas se bautizaban o se unían a estos movimientos. ¡Qué época maravillosa! El Espíritu de Dios se estaba derramando en varias partes del mundo. Recordemos lo que Dios le dijo a Daniel en el capítulo 12:4, que en el tiempo del fin "el conocimiento aumentará".

El camino se estaba preparando para el comienzo del tiempo del fin. Pero algo estaba ocurriendo en Europa que trastornaría al mundo. La era del razonamiento y la revolución francesa traería grandes consecuencias de largo alcance. Como fruto, aparece un famoso emperador llamado Napoleón Bonaparte, quién intentó dominar el mundo conocido. Para el año 1798 entró el mariscal Bertier de Napoleón en Roma, dando un golpe mortal a la institución del papado. El papa Pio VI fue presentado con un acta de abolición del poder papal y luego fue transportado a un carruaje que le esperaba para ser desterrado a Valence, Francia donde murió de tristeza un año después. En 1870 se le quitó los estados papales a la iglesia Universal de Roma, la cual pasó por una época de gran incertidumbre y debilidad en poder e influencia.

Más tarde esa herida empezaría a curarse, cuando en 1929 se efectuó el Tratado Laterano entre la iglesia de Roma y el dictador Mussolini. En esta instancia 'Se maravilló toda la tierra', porque el partido Fascista hizo un pacto entre la iglesia y el estado, devolviéndole al Vaticano 44 hectáreas y muchos derechos que habían perdido. Luego entre 1934 a 1936 el Vaticano hizo un pacto con el Tercer Reinado (Tercer Reich) de Hitler, tratando de crear un nuevo orden mundial. En el libro de Lehman, '*Behind the Dictators*', dice que Hitler era producto de la iglesia Romana. Jamás renunció a sus doctrinas, ni condenó las aspiraciones políticas de la iglesia en que había sido bautizado. "En su autobiografía, Hitler indicaba que el ceremonial Romano siempre le produjo una gran impresión. Hitler era miembro en su niñez del coro de su iglesia y la única religión permitida en Alemania en tiempos de Hitler fue la Católica. El manifestó que el Papa era infalible. En respuesta, León XIII dijo lo siguiente: "Alemania ha de ser la espada de la Iglesia Católica".[10] La cláusula 30 del concordato entre Hitler y Pacelli estipula que: "En los días domingos y festividades se ofrecerán oraciones... por el bienestar del Reich Alemán, en todas la parroquias y conventos del Reich". También vemos el voto del clero con los Nazis en la *Cláusula 16*: "Antes que los obispos tomen posesión de sus diócesis, deberán ofrecer un voto de lealtad al Reich: 'Ante Dios y los santos evangelios, juro y prometo que al ser obispo, seré leal al Reich".[11]

"En 1936, el obispo Berning de Osnabruch, había hablado con el *Fuehrer* por más de una hora. Hitler le aseguró a su señoría que no había una diferencia fundamental entre el Socialismo Nacional y la Iglesia Católica. Hitler arguyó diciendo, ¿acaso la iglesia no miraba a los judíos como si fueran parásitos y los encerraba en los guetos? "Sólo estoy haciendo", exclamó, "lo que la iglesia ha hecho durante mil quinientos años, pero más eficazmente". Siendo que Hitler mismo era católico, le dijo a Berning que él "admiraba y quería promover el cristianismo".[12]

Debo aclarar que otras denominaciones Religiosas locales en Alemania también dieron su apoyo al partido Nazi. Asimismo, más adelante la iglesia de Roma también declaró que estaba en contra del movimiento Nazista. Pero igualmente murieron 6 millones de judíos en los campos de concentración. En total la segunda guerra mundial acarreó como resultado la muerte de 50 millones de personas. No en balde la Biblia profetizó lo siguiente: "Se levantarán los reyes de la tierra, y príncipes consultarán unidos contra Jehová y contra Su ungido, diciendo: rompamos sus ligaduras, y echemos de nosotros sus cuerdas. El (Dios) que mora en los cielos se reirá; el Señor se burlará de ellos. Luego hablará a ellos en Su furor, y los turbará con Su ira" (Sal. 2:2-5).

Malaquías 3:18 añade lo siguiente como advertencia y señal descriptiva en el tiempo que estas cosas pasaran:

"Entonces volveréis, y veréis que hay diferencia entre el justo y el malo, entre el que sirve a Dios, y el que no le sirve". En el libro de Proverbios capítulo 14, versículo 12, dice lo siguiente: "Hay camino que al hombre le parece derecho; pero su fin es camino de muerte". Dijo Concepción Arenal: "En la vida nadie se para y no hay más que dos caminos: uno hacia el bien y el otro conduce al mal, y es preciso marchar por uno de ellos".[13]

"Rufus M. Jones, el gran pensador cuáquero, contó de un hombre a quien un muchacho le preguntó la distancia que había para llegar a determinado sitio; le contestó de esta manera: Si sigues el camino que llevas, recorrerás 25,000 millas y aún no habrás llegado; pero si das una vuelta completa a la derecha, caminarás solamente tres millas y habrás llegado. Es una gran tragedia cuando una persona insiste en caminar ciegamente, dando tropiezos, sin llegar a ningún sitio. El camino de la vida está a la mano, para aquellos que dan la vuelta completa hacia Dios.

Al acercarse un evangelista, un día a la iglesia donde debía predicar, se encontró con un joven lleno de gran ansiedad que le preguntó:

–Señor, ¿me podría usted enseñar el camino que conduce a Cristo?

–No, –fue la bien meditada respuesta–, no puedo hacerlo.

–Pero yo creía que usted era un predicador del Evangelio.

–Sí, lo soy, –respondió.

–Entonces, ¿cómo es que no puede enseñarme el camino a Cristo?

–Mi amigo, no hay camino a Cristo. Él mismo, es el camino. Todo el que en Él cree, no se pierde, mas tiene vida". Cristo está aquí, y en este mismo momento, usted puede tener un encuentro personal con Él".[14]

"Un viento continuo llevaba al Discovery hacia el norte por la costa occidental de Groenlandia. Los témpanos de hielo le impedían el paso. –Arriad las velas –ordenó el comandante Guillermo Baffin – esperaremos hasta que el calor deshaga los témpanos.

–Pero Señor –protestó un marinero joven– ¿por qué no dejar las velas en alto? ¡Tenemos buen viento! ¡Tenemos buen viento! ¡Podríamos romper el hielo y abrirnos paso por la fuerza! – Allí es donde te equivocas– le replicó Baffin–, esos témpanos son más grandes de lo que se ven por fuera. Lo que realmente vemos es solo una octava parte del témpano. La parte verdaderamente peligrosa es la que no se ve. Los otros siete octavos están sumergidos en el agua. Si chocamos con uno de esos bloques de hielo, el barco quedaría hecho añicos. No hay forma de que nuestro barquito haga a un lado el hielo. ¡Vaya! ¡No imaginé que fueran tan grandes! –respondió el joven– si es así, mejor esperamos. En el transcurso de algunas semanas se deshizo el hielo y el Discovery pudo abrirse paso a través de los témpanos, otros 500 kilómetros".[15]

El pecado se parece mucho a los témpanos de hielo. Satanás nos permite ver sólo un lado del mal, la parte más atractiva e "inofensiva". Mantiene sus efectos destructivos ocultos. Cuando ya es demasiado tarde, los jóvenes y adultos, habiendo ignorado el peligro inmediato, advierten que sus vidas naufragaron y con ella su felicidad. ¿Quién posee nuestro corazón? ¿Con quién están nuestros pensamientos? ¿De quién nos gusta hablar? ¿Para quién son nuestros más ardientes afectos y energías?

Cuando vamos a Cristo como seres errados, y pecaminosos y nos hacemos partícipes de su gracia perdonadora, nace en nuestro corazón el amor a Él. La belleza del carácter de Cristo, se verá en los que le siguen.

Referencias

1 Hillerbrand, Hans J (1985). *The Reformation, A Narrative History Related By Contemporary Observers and Participants.* (Baker Book House, Ann Arbor, MI, 1985), pp. 174. Beza´s Life of Calvin, pp. 169, 274, 203.

2 Ibid, p. 174.

3 Ibid.

4 Ibid.

5 Ibid.

6 Kidd. *Documents Illustrative of the Continental Reformation.* p. 696.

7 Miller, Perry, *Roger Williams* (1962). *His Contribution to the American Tradition.* Atheneum, p.98.

8 Walker, Williston. *Historia de la Iglesia Cristiana*, p. 479.

9 Ibid, p. 507.

10 Lehman, *Behind the Dictators*, p.128.

11 Manhattan, Avro. V*atican Imperialism in the 20th Century*, p. 383.

12 *De Rosa*, op. cit., p. 5; Lewy, op. cit., p. 111.

13 *Cartas a Los Delinquentes*, Concepción Arenal, Carta XVII – Artículos 258 al 265.

14 Libardo, Miguel A. *Ventanas Abiertas*, pg. 93.

15 Watts, Dorothy E. (1990). *Peldaños De Superación*, p. 96.

CAPÍTULO

IX

EL TIEMPO DE GRAN CONFUSIÓN

CAPÍTULO IX | EL TIEMPO DE GRAN CONFUSIÓN

El mundo estaba listo para un despertar profético y todas las piezas estaban en su lugar. La era industrial, la era filosófica y la era de la razón tomaron control del pensamiento intelectual. Grandes movimientos revolucionarios con sus caudillos transformaron el mapa mundial. En la última parte del siglo XVIII y todo el siglo XIX hubo brotes de diferentes movimientos que revolucionaron la sociedad para el bien o para el mal. La Sociedad Bíblica Americana se estableció para 1816, traduciendo la Biblia en casi todos los idiomas y poniendo un ejemplar en todos los hogares del mundo que fuese posible. Años después, comenzó un gran movimiento en la arqueología Bíblica moderna, comprobando que la Biblia es un libro creíble. Se descubren las ciudades que los escépticos pensaban que eran inventos o fábulas de la tradición. Papiros y tabletas fueron hallados, verificando la autenticidad Bíblica.

Se empezó a desenterrar lugares históricos que las Escrituras mencionaban. Gracias a estos descubrimientos, ahora existe más respaldo para interpretar las profecías del tiempo del fin. Sabiendo Satanás que los tiempos eran especiales y exactos, decidió confundir las mentes con el surgimiento de movimientos alrededor del mundo, que decían tener una nueva verdad que todos debieran conocer. El cristianismo empezó a fragmentarse aún más. Cada religión decía tener la verdad, aunque no siguiese las reglas de la hermenéutica Bíblica.

En ese mismo tiempo de gran conmoción aparece un supuesto profeta llamado José Smith (1805–1844). Este hombre fundó un movimiento en el estado de Nueva York y supuestamente tradujo por revelación divina el libro del Mormón, que pretende ser la historia de las 10 tribus de Israel perdidas que emigraron a América. El libro del Mormón dice que los indios americanos descienden de esas tribus Israelitas. El Mormonismo cree en cuádruple fuente de inspiración: El Libro del Mormón, La Perla de Gran Precio, Las Doctrinas y Convenios y la Biblia. Dicen que el libro del Mormón es más fidedigno que la Biblia; aunque en sus escritos aparezcan prestadas innumerables citas Bíblicas. Afirman que Dios evolucionó de una condición humana y que, a su vez, los hombres pueden sufrir, si lo desean, la misma transformación hasta llegar a ser dioses. Sostienen que las almas de los hombres preexistieron a su condición actual. Practican el bautismo por inmersión y por los muertos. Tienen la sociedad genealógica, en la cual archivan los datos y los nombres de los antepasados, para que podamos bautizarnos en el nombre de algunos de ellos. También tienen 3 grados de gloria: La gloria celeste, la gloria terrestre, y por último la gloria teleste. La gloria celeste está reservada para los que creyeron en el nombre del Señor, fueron bautizados y son sacerdotes y reyes. Estos son los que despiertan en la primera resurrección.

La gloria terrestre la recibirán los que murieron sin ley. Son los que recibieron el evangelio de Cristo en la carne, pero lo hicieron después y estos son los hombres honorables de la tierra, cegados por las artimañas de otros hombres. Son los que reciben la presencia del Hijo; pero no la plenitud del Padre.

La gloria telestial la recibirán los que no tuvieron la oportunidad de conocer a Cristo, su evangelio, y sus testimonios. Estos despertarán en la última resurrección. Hay muchas otras doctrinas y costumbres que afloraron en esta religión, pero como nos podemos dar cuenta, no tienen base Bíblica. Es más, si no usas los otros libros supuestamente inspirados, no podrás comprobar la gran mayoría de sus creencias. No voy a decir que están en el error porque eso te corresponde a ti el lector decidir, escudriñando y orando y dejando que el Señor te conteste.

En esta misma época salió a relucir una supuesta profeta o síquica: Mary Baker Eddy (1821–1910), fundadora de la Ciencia Cristiana. Para muchos estudiosos de la Biblia, esta religión es solo una mezcla de cristianismo con misticismo y espiritismo. Esta iglesia también se autodenomina como la Iglesia de Cristo, Científico. "Sus adeptos sostienen que esta es una ciencia en el sentido de que interpreta y demuestra las leyes de Dios".[1] Mary Baker Eddy escribe la declaración científica del ser, que dice: "No hay vida, verdad, inteligencia, ni sustancia en la materia. Todo es mente infinita y su manifestación infinita, porque Dios es todo en todo. El espíritu es verdad inmortal; la materia es error mortal. El espíritu es lo real y eterno; la materia es lo irreal y temporal. El espíritu es Dios, y el hombre es Su imagen y semejanza. Por lo tanto, el hombre no es material; él es espiritual".[2] La Ciencia Cristiana enseña que toda la creación es producto de la mente divina, pero el dios de ellos no es el mismo que el del cristianismo ortodoxo. Eddy describe a Dios como algo impersonal y no como una persona. Negó la trinidad y dijo que cuando Cristo era divino no era Dios. Eddy enseñó que la creación no es materia, sino espiritual, porque la materia no existe. "Estamos atados a este mundo material hasta que entendamos que este mundo no es real".[3]

Podemos darnos cuenta que varias de estas iglesias tienen muchos adeptos sinceros que son buenos ciudadanos y que hacen el bien a su prójimo. Pero la pregunta es: ¿En el cielo entran los buenos, o los que adoran en Espíritu y en verdad? Isaías 8:20 afirma que hay una manera de saber si alguien está en lo cierto: "A la ley y al testimonio, si no hablaren conforme esto, es que no les ha amanecido". Al escudriñar las Escrituras nos damos cuenta que es el único lugar donde se encuentra la verdad.

En 1848, por otra parte, comienza la difusión con ímpetu del espiritismo moderno. Este movimiento empezó a filtrarse en todas las esferas de la sociedad con la aparición de las hermanas Kate y Margarita Fox, en Hydesville, New York. En la casa donde vivían, empezaron a oír golpeteos misteriosos y ver fenómenos inexplicables. Más tarde, las dos hermanas supieron que el supuesto espíritu de un vendedor asesinado, llamado Charles Rosna, cuyo esqueleto fue encontrado en su casa, se estaba tratando de comunicar con ellas. Con este empuje, el ocultismo adopta una fachada intelectual porque científicos y doctores se dedicaron a estudiar este caso. Muchas veces estos eruditos estaban presentes cuando una de las hermanas entraba en estado de trance para comunicarse con el difunto.

Más adelante, entre 1833 a 1888, aparece en la escena Daniel Douglas Home, quien decía que tenía el poder para comunicarse con los muertos. Fue reconocido como el primero en levitarse en el aire, desafiando las leyes de la gravedad. También fue el primero de entrar en trance de día y no de noche. La Biblia dice que Satanás tiene su propia iglesia y muchos adeptos que le escuchan, y contesta a estos movimientos en forma enfática:

"Cuando hayas entrado en la tierra que Jehová tu Dios te da, no aprenderás a hacer las abominaciones de aquellas naciones: No sea hallado en ti quien haga pasar por fuego a su hijo o a su hija, ni quien sea mago, ni exorcista, ni adivino, ni hechicero, ni encantador, ni quien pregunte a los espíritus, ni espiritista, ni quien consulte a los muertos. Porque cualquiera que hace estas cosas es una abominación a Jehová. Y por estas abominaciones Jehová tu Dios los echa delante de ti. "Serás íntegro para con Jehová tu Dios" (Deuteronomio 18:9-13).

El espiritismo postula que hay una inteligencia cósmica que rige todo. Añade que el espíritu se halla envuelto por el peri-espíritu, que conserva la memoria después de la muerte. También cree en la ley de la reencarnación. Dice que todas las criaturas van evolucionando sucesivamente en el plano espiritual y moral, ya que expían los errores del pasado. ¡Y esto no es todo! Añade que la ley de la pluralidad es algo imperativo. Esta consiste en la existencia de varios planos habitados que ofrecen la evolución del espíritu. Por último, entre muchas otras creencias, promulga la ley del karma, diciendo que las vidas del espíritu se entrelazan sucesivamente. Las tres figuras más prominentes en ese tiempo, que apoyaban estas ideas, eran Franz Anton Mesmer, médico Alemán que practicaba la comunicación con los muertos y el hipnotismo; luego aparecen Swedenburg y Alan Kardec, que decían que podían comunicarse con los espíritus del más allá. De verdad vemos que Satanás estaba elaborando un movimiento muy sutil y peligroso en el mundo.

El apóstol Pablo, al amonestar a sus hermanos contra cualquier participación en la idolatría de sus vecinos paganos, dijo: "Lo que los gentiles sacrifican, a los demonios lo sacrifican, y no a Dios: y no querría que vosotros fueseis partícipes con los demonios" (I Corintios 10:20). Hablando de Israel el Salmista escribió: "Sacrificaron sus hijos y sus hijas a los demonios… Sacrificaron a los ídolos de Canaán" (Salmos 106:37,38). Además, Josué 24:15 añade: "Y si mal os parece servir a Jehová, escogeos hoy a quien sirváis; si a los dioses a quien sirvieron a vuestros padres, cuando estuvieron al otro lado del rio, o a los dioses de los amorreos en cuya tierra habitáis; pero yo y mi casa serviremos a Jehová".

El 31 de octubre es la fecha anual cuando se celebran las misas negras por muchos espiritistas y Satanistas. Hollywood lo ha inmortalizado y se ha destacado presentando películas ocultistas que son las que más llaman la atención a un público joven y aventurero. Creo que ese mundo de las tinieblas es real, pero es usado como engaño satánico de los últimos tiempos para arrastrar a los seres humanos hacia la ignorancia de la verdad.

Podemos decir con certeza que esta opción que ofrece el espiritismo moderno tampoco es la respuesta profética que Dios quiere presentar al mundo. Cristo nunca inducirá a sus seguidores a que formulen votos que los unirán con personas que no tienen relación con Dios, que no están bajo la influencia consoladora de su Espíritu Santo. La única norma verdadera para el carácter es la santa ley de Dios, y es imposible para quienes hacen de esa ley de Dios la guía de su vida, unirse en confianza y en cordial fraternidad con los que convierten la verdad de Dios en mentira, y consideran la autoridad de Dios como algo sin valor.

Ni la política en manos de los filósofos, como Karl Marx, pudo suplantar el plan divino para los últimos tiempos. Podemos decir que Charles Darwin, con su teoría del origen de las especies, trató de traer respuestas a las incógnitas de los eruditos, pero aún trajo más preguntas que respuestas y por consecuencia una gran confusión en la mente de los seres humanos. Esta teoría le falta el plano espiritual, le falta el concepto de la fe. ¡Solo Cristo puede cambiar un pecador! Al negar al Creador, se hace que todos los seres humanos puedan decidir por si mismos lo que es correcto e incorrecto, sin el factor Divino. En el tiempo de estos pensadores, se comenzó a decir que no hay absolutos, por lo tanto, hay que descartar la idea de un Dios que todo lo sabe. El humanismo y el pluralismo llegaron a ser la nueva norma de pensar hasta el día de hoy. A esto se lo llamó libertad de expresión. La Biblia lo predijo cuando dijo: "Queriendo hacerse sabios, se hicieron fatuos" (Romanos 1:22).

Lo que este mundo necesitaba era devolver las verdades fundamentales de la Biblia, pisoteadas por muchos siglos, a un mundo confundido. Era necesario que un movimiento naciera en la profecía y estuviese activo en el tiempo del fin, con las características del remanente descritos en el libro de Apocalipsis 14:12: "Aquí está la paciencia de los santos, los que guardan sus mandamientos, y tienen la fe de Jesús". Este grupo de fieles no sería perfecto, porque la iglesia nunca es irreprochable. El único infalible es la cabeza de la iglesia, Cristo Jesús. No tomaría el lugar de Dios en la tierra. Nadie tiene ese derecho exclusivo que le pertenece a Él. El remanente vendría a cumplir una misión que se basa en los propósitos de Dios. Este remanente levantaría las verdades pisoteadas por la madre iglesia, como ser: la justificación por la fe, los mandamientos de Dios y el verdadero día reposo de Cristo Jesús. Predicaría la segunda venida del Señor con gran fuerza. Sería un pueblo que le interesaría una reforma integral, física y espiritual. Sería la respuesta de Dios para estos tiempos de gran confusión.

En el libro de 2da de Pedro capítulo 3 y versículo 11, nos dice así: "Puesto que todas estas cosas han de ser desechadas, ¿qué clase de personas debéis ser en santa y piadosa conducta?"

Un reloj despertador parece algo sin importancia. Sin embargo, cuando pensamos en la importancia que tiene su alarma en la vida cotidiana, no podemos minimizar el valor que le corresponde en la vida moderna. Generalmente nos despierta de madrugada, cuando el sueño es más profundo. Atendiendo a su llamada, entramos en acción para cumplir con las obligaciones del día.

Dios también tiene un reloj, que marca con gran precisión los grandes acontecimientos de la historia. En los días de Noé, sonó anunciando la tragedia del diluvio universal. Nunca había llovido sobre la tierra, y la idea de que el mundo podría ser inundado de agua, era ridícula; no era científica. Sin embargo, cuando el despertador divino sonó, a la hora determinada, las ventanas de los cielos se abrieron, las fuentes de las aguas se rompieron y el diluvio anunciado, sepultó a una civilización corrupta, inmoral e irreverente. Y luego del diluvio los siglos transcurrieron en la sucesión cadenciosa de los segundos que complementan los minutos y marcan las horas. Llegó finalmente, en el gran reloj de Dios, la hora anunciada por los antiguos videntes. Israel humillado, sin rey y sin esperanza, vivía un periodo sombrío de su historia. Llegó la plenitud de los tiempos y "Dios envió a su Hijo nacido de mujer".

Las campanas del reloj de Dios resonaron sobre las colinas de Belén, anunciando a los piadosos pastores el gran evento. El inmutable reloj de Dios sigue su tic tac resonante y constante. Las manecillas del reloj divino están a punto de unirse, indicando que el gran día se acerca. ¡Un poco más y veremos al Rey de reyes en el esplendor de su gloria! Ojalá que en ese día podamos decir al igual que el apóstol Pablo, "He peleado la batalla, he guardado la fe, por lo demás me está guardada la corona de justicia, que me dará el Señor juez justo en aquel día, y no sólo a mí, sino también a todos los que aman su venida" (II Timoteo 4: 6-8).

Referencias

1 Eddy, Mary Baker (2002). *Rudimentos de la Ciencia Divina*, The Christian Science Board of Directors p. 1.
2 Eddy, Mary Baker. *Ciencia y Salud con Clave de las Escrituras*. The Writings of Mary Baker Eddy, p. 468.
3 Ibid, p. 472.

CAPÍTULO

X

LA HORA DE SU JUICIO HA LLEGADO

CAPÍTULO X | LA HORA DE SU JUICIO HA LLEGADO

"**E**s necesario que haya un estudio más de cerca de la palabra de Dios; especialmente Daniel y el Apocalipsis deben recibir atención como nunca antes en la historia de nuestra obra".[1]

OCTAVO ESCALÓN: TIEMPO DE LOS MENSAJES DE LOS TRES ÁNGELES

En el siglo XIX un despertar nació alrededor del mundo, con diferentes caudillos que no se conocían entre si y eran de diferentes denominaciones. Empezaron a estudiar con diligencia las profecías del fin, especialmente los mensajes de los tres ángeles, encontrados en Apocalipsis 14, para regresar el cristianismo a la piedad primitiva. Veamos: "Vi volar por en medio del cielo a otro ángel, que tenía el evangelio eterno para predicarlo a los moradores de la tierra, a toda nación, tribu, lengua y pueblo, diciendo a gran voz: Temed a Dios, y dadle gloria, porque la hora de su juicio ha llegado; y adorad a aquel que hizo el cielo y la tierra, el mar y las fuentes de las aguas. Otro ángel le siguió, diciendo: Ha caído, ha caído Babilonia, la gran ciudad, porque ha hecho beber a todas las naciones del vino del furor de su fornicación.

Y el tercer ángel los siguió, diciendo a gran voz: Si alguno adora a la bestia y a su imagen, y recibe la marca en su frente o en su mano, él también beberá del vino de la ira de Dios, que ha sido vaciado puro en el cáliz de su ira; y será atormentado con fuego y azufre delante de los santos ángeles y del Cordero; y el humo de su tormento sube por los siglos de los siglos. Y no tienen reposo de día ni de noche los que adoran a la bestia y a su imagen, ni nadie que reciba la marca de su nombre. "Aquí está la paciencia de los santos, los que guardan los mandamientos de Dios y la fe de Jesús" (Apocalipsis 14:6-12).

Debemos explicar para entender mejor la simbología de los conceptos y el significado de algunas palabras claves encontradas en estos mensajes importantes. En la profecía, la "Ramera" es símbolo de una iglesia caída, apóstata, y que ha adulterado los principios de Dios, como lo hemos demostrado en los capítulos anteriores. Por otra parte, la palabra "Babilonia" podemos concluir que es el sistema falso que adopta la madre iglesia y que es rectificado por las hijas de la gran Ramera. Estas también son iglesias que han dejado el camino puro para obedecer los dictámenes de la Madre.

Podemos dar un ejemplo: el cambio del día de reposo del sábado para el domingo fue impuesto por la madre iglesia y ahora muchas de las hijas adoran en ese día a Dios sin apoyo Bíblico. También, vemos dos conceptos: la "Bestia" y la "imagen de la Bestia". La Bestia es el poder civil mezclado con la iglesia apóstata, bajo el liderazgo de un hombre que encabeza este movimiento. La "Imagen de la Bestia" será la unificación de tres espíritus impuros que le darán el apoyo a la "Bestia" cuando ella dictamine leyes que obliguen al mundo a seguir sus deseos siniestros.

MENSAJE DEL PRIMER ÁNGEL

En Apocalipsis 14:6 se comienza una nueva escena donde, aparece el Primer Ángel con un mensaje para ser predicado mundialmente. Este ángel apareció volando por en medio del cielo. La trayectoria de su vuelo indica los alcances mundiales de la obra y su mensaje peculiar. Su obra va en crecimiento paulatino hasta que la ve y la oye toda la humanidad. El ángel representa a los portavoces de Dios ocupados en la tarea de proclamar el evangelio eterno en un tiempo cuando la hora del "juicio ha llegado". Los ángeles también ayudan a los hombres en la tarea de proclamar el evangelio. Este evangelio tiene que ver con la gracia de un Dios amante y menesteroso. Es un mensaje mundial con un alcance universal y debe ser comunicado a gran voz porque el tiempo ha llegado.

Es un mensaje cuyo sonido debe ser amplificado y repetido a los cuatro ángulos de la tierra. Los mensajes del primer y del tercer ángel se proclaman a "gran voz". ¿Cuál es la importancia de estos mensajes?

Comienza diciendo 'Temed a Dios y dadle honra', usando la palabra en el griego 'phobeo'. "Phobeo no significa aquí sentir temor de Dios, sino acercarse a él con reverencia y respeto. Incluye el pensamiento de absoluta lealtad a Dios, en una sumisión a Dios, en una sumisión completa a su voluntad".[2]

Cuando hombres y mujeres alrededor del mundo empezaron a predicar este mensaje en el siglo XIX, denunciaban el materialismo y el humanismo que estaba tomando de lleno a la sociedad. Era una exhortación a dar la gloria al Creador de los cielos y la tierra. Por casi 1800 años se dejaron a un lado las verdades Bíblicas que hablaban del Creador que luego vino a salvar a su creación.

Cuando la Iglesia Madre, en Roma recibió el golpe de muerte en 1798, bajo las manos de Napoleón y el Mariscal Bertier, cuando se quitó el poder Papal temporariamente y se desterró a Pío VI, entonces empezó un fuerte despertar en diferentes partes del mundo para levantar las verdades pisoteadas al lugar que corresponde. No obstante, el mensaje bíblico sigue con más información. Dice 'que la hora de su juicio ha venido'.

La palabra juicio aquí usada, en el griego es 'Krisis', que denota la acción de juzgar. Este juicio investigativo no es el de sentencia. El juicio tiene que ver primero con los casos de los muertos de todas las edades y luego termina con los vivos que estarán presentes antes de la venida de Cristo. Este juicio involucra las acciones de todos los días que son registradas en los libros del cielo. También está conectado con el final de las profecías del libro de Daniel capítulos 8 y 9. Así como para el pueblo de Israel llegaba el juicio investigativo una vez al año, desde la fiesta de las Trompetas hasta el día de la expiación, ese mismo proceso ocurrirá en forma global para anunciar la pronta venida del Mesías por segunda vez.

En el tiempo de esta predicación surgiría un grupo compuesto de diferentes trasfondos que se unirían en un mismo mensaje. Este mensaje advertiría al mundo a que se prepare porque el proceso del juicio investigador ya había llegado y culminaría con el juicio ejecutivo en la segunda venida.

En Chile, apareció un ex sacerdote Jesuita, llamado Lacunza, predicando la pronta venida del Señor y escribió sobre este tópico numerosos artículos y libros. Además fue una influencia para muchos otros estudiosos de las profecías.

En Argentina se dio a conocer el Patricio Argentino, Francisco Ramos Mejía. Nacido en Buenos Aires el 20 de noviembre de 1773, fue un ferviente estudioso de las profecías bíblicas sobre el advenimiento de Cristo. También fue comentador de la obra de Lacunza y notable genio de su época. Es importante destacar que trabajó entre los aborígenes argentinos para enseñarles las verdades Bíblicas, principalmente que la ley de Dios no había sido abolida y era nuestra responsabilidad de guardarla. Este gran estudioso pronunció las siguientes palabras: "Siempre pensé que no hay tradición que valga más que la verdad, y no hay verdad que no esté escrita en la Escritura Santa. Si faltare algo esencial, no sería el libro de Dios".[3]

Otra de las verdades que él encontró y publicó fue que el hombre y su alma o como se llame, se disolverá, morirá, pero luego resucitará, en el día final. También dijo que los 10 mandamientos eran el reflejo del carácter de Dios y constituyen la norma de conducta de los cristianos. Él creía fervientemente que Cristo vendría en gloria a buscar a los suyos.

Así como Francisco Ramos Mejía, encontramos que en México

también aparece una gran figura influenciada por Lacunza. Me refiero al distinguido Jurista, el Dr. José María Gutiérrez de Rozas. En 1791 consiguió su doctorado y poco después fue nombrado miembro del colegio de abogados. Fue reconocido por el rey de España, quién lo puso como consultor del infante Don Pedro.

Se le concedió también el título como Ministro Honorario en 1824 y Ministro del Supremo Tribunal de Guerra en 1837. Luego llegó a ser Juez del Superior Tribunal del Distrito Federal de México, durante los años de 1839 y 1840.

Su primer libro sobre las profecías se tituló, 'Consulta a Los Sabios, Sobre La Aproximación de la Segunda Venida De Nuestro Señor Jesucristo'. Al final de la primera página menciona lo siguiente: "Al acercarnos a la mitad del siglo XIX, estamos, según creo con serio fundamento, en el tiempo señalado por las Escrituras para este segundo, glorioso y majestuoso advenimiento de nuestro amantísimo Redentor".[4]

El concluyó que esta gran esperanza está fundada en la promesa categórica de Jesucristo, quién señaló con el mayor énfasis la certeza de su advenimiento en Mateo capítulo 24.

En Escandinavia, "La ley prohibía que predicase persona alguna que hubiese pasado cierta edad, a menos que fuese pastor de la iglesia Luterana. Por esta razón, en Suecia y Noruega fueron mayormente niños y jóvenes que predicaron el mensaje del advenimiento de Cristo por segunda vez. La gente venía de lejos a escucharlos. Había niños demasiado pequeños para saber leer y escribir. Estos igualmente explicaban con fervor las profecías. Dos jóvenes llamados Erik Walbom y Ole Boquist, de 18 y 15 años respectivamente, fueron tomados presos para escarmiento público. Fueron azotados en sus espaldas desnudas con vara de abedul, y con las heridas sangrantes fueron echados a la cárcel de Orebro. Una vez que hubieron sanado las heridas, los carceleros los arrastraron fuera de la cárcel y les preguntaron: '¿Cesaréis de predicar esta doctrina?' A pesar de castigarlos por segunda vez, abriendo nuevamente las heridas, la única respuesta que obtenían de los jóvenes era: 'Predicaremos lo que el Señor nos mande predicar'.

El testimonio de Boquist en cuanto a su predicación era: 'Inmediatamente cuando se poseía de nosotros ese poder celestial, comenzábamos hablar a la gente, y a proclamar en voz alta que la hora del juicio ha venido, indicándoles que leyesen Joel 2:28-32 y Apocalipsis 14:6,7. En Francia y Suiza, de igual manera que estos jóvenes, predicó Francisco Gauseen el mensaje del segundo advenimiento'".[5]

Y así, muchos otros predicadores propagaron los mensajes del tiempo del fin en todos los continentes de nuestro mundo.

En Norte América un hombre llamado Guillermo Miller, fue una figura prominente en la promulgación del mensaje del tercer ángel. Era un humilde agricultor, cuyas convicciones sinceras lo condujeron aceptar la fe Bautista. Miller estaba convencido que, si la Palabra de Dios es veraz, debe ser consecuente consigo misma, así que resolvió descubrir la armonía en todas las aparentes contradicciones. Con las referencias del margen y la concordancia como únicas ayudas, comenzó con oración un estudio sistemático y profundo. Continuó preparándose y estudiando desde el año 1816 a 1823. El resultado de su estudio fue convencerse de que la segunda venida de Cristo sería en forma visible y ocurriría antes del milenario. Su error fue poner fecha de cumplimiento, cuando Cristo dijo a sus discípulos que el día y la hora nadie lo sabe, ni aún los ángeles. Más tarde, después de un gran chasco en 1844, se dio cuenta de su falacia y pudo ver el correcto significado del cumplimiento profético.

Mucha gente abrazó este mensaje y pastores de diferentes denominaciones aceptaron la predicación del segundo advenimiento de Cristo. Personajes como José Bates, Urías Smith, Elena G. de White y otros, siguieron estudiando y dándose cuenta que la venida del Señor estaba aún en el futuro. Ellos y muchos otros siguieron predicando los mensajes de los tres ángeles con poder y resolución. Aunque hubo equivocaciones en las interpretaciones proféticas alrededor del mundo, esto no cambiaría la certeza de la venida inminente de Cristo a este mundo. Verdaderamente ocurrió un despertar mundial con respecto a las profecías del fin, que ha permanecido hasta el día de hoy y no desaparecerá hasta el día de su venida. Debo aclarar que todos estos personajes predicaban que los mensajes de los tres ángeles (Apocalipsis 14: 6-12) precederían a la segunda venida de Cristo (vers. 14).

¡Sí, estimado lector! Estos son mensajes que están siendo dados y deben terminarse de dar antes de la venida de Cristo. El grupo que se considere el remanente tiene que predicar estos mensajes, vivirlos y entenderlos cabalmente. No puede ser un grupo que le rinda homenaje a una madre caída de la gracia de Dios. Y digo homenaje, porque cualquier iglesia que acepte las doctrinas, tradiciones o cambios que ha hecho la madre iglesia, se transforma en una de las hijas de la mujer descrita en Apocalipsis 17.

Ahora prosigamos analizando el mensaje del Primer Ángel. Dice que adoremos al que hizo los cielos y la tierra y la mar. El libro de Génesis, capítulo 1 y versículo 1 comienza diciendo: "En el principio creó Dios los cielos y la tierra". En este versículo encontramos el majestuoso vestíbulo de la revelación de la Biblia. "Este versículo, primero, niega el ateísmo; porque admite como un hecho, sin necesidad de pruebas la existencia de Dios. Niega el politeísmo, y, en sus varias formas, la doctrina de los dos principios eternos: el del bien y el del mal; porque admite la existencia de un Creador Eterno. Niega el materialismo; porque establece la creación de la materia. Niega el panteísmo; porque admite la existencia de Dios antes de todas las cosas e independientemente de ellas. Niega el fatalismo, porque implica la libertad del Ser Eterno".[6]

"En el principio… Dios" (Génesis 1:1). Estas palabras son de gran trascendencia para nosotros, porque encierra un inagotable tesoro. Hay muchos, sin embargo, que ponen en duda el significado de esta introducción del Sagrado Libro.

"Es interesante notar la general relación que existe entre el

Génesis y la Ciencia Moderna en cuanto al orden de la creación. En ambos progresa la vida, desde la forma inferior hasta la superior, llegando estas series a su clímax con el aparecimiento del hombre sobre la tierra. Los que están conturbados por las pequeñas discrepancias que hay entre las teorías de los científicos y las afirmaciones del Génesis, no deberían olvidar el hecho de que el autor del Génesis no buscaba la precisión científica. Emplea el lenguaje común de la vida diaria. Si hubiera empleado la terminología científica, el propósito religioso de la narración habría sido oscuro. Que el astrónomo, el geólogo, y el biólogo hagan sus pesquisas con perfecta libertad. No debemos olvidar el dicho sabio del Cardenal Baronius: 'La intención de la Sagrada Escritura es enseñarnos cómo ir al cielo, y no cómo van los cielos' ".[7]

En su ceguera espiritual profanan: 'En el principio la ameba o el simio', Y ahí tenemos las dos filosofías que se contradicen. Una proclama: "En el principio hizo Dios"; y la otra: 'En el principio el caos'. Pero el libro de Génesis no discute la existencia de Dios. No presenta teorías para explicar el origen del universo. El escritor, abre la revelación con las palabras: "En el principio… Dios". En esta simple declaración descubrimos nuestro origen y quién es el creador de todo. No somos simios educados. No somos una familia de materia solamente organizada al azar. Vinimos de Dios, y "…en Él vivimos, y nos movemos y somos. Pues Él, es quien da a todos vida y aliento y todas las cosas" (Hechos 17:28, 25). Hay, sin embargo, algo que nos asombra: ese Dios creador, se revela al hombre y le dice: "Con amor eterno te he amado. Y, por tanto, te prolongué mi misericordia" (Jeremías 31:3). ¡Ay del hombre que rechaza el conocimiento de Dios para seguir sus propios caminos! Tal decisión conduce a la desgracia y a la ruina.

"Aaron Burr fue un talentoso abogado norteamericano que, jactancioso y arrogante, expulsó de su mente cualquier idea acerca de Dios, y se convirtió en un agnóstico irreverente y mordaz. Se destacó en la famosa Universidad de Princeton por su versatilidad y brillo. Con talento y competencia, se desempeñó como senador y posteriormente, fue vicepresidente de Tomás Jefferson. Como abogado, político o legislador, fue siempre respetado como figura genial, una de las personalidades más lúcidas de su tiempo; pero, a pesar de tantas calificaciones naturales, siempre será recordado como un ser atribulado y afligido. Después de cometer una serie de torpezas e ignominias, mató a Alexander Hamilton, adversario político, convirtiéndose en consecuencia, en un fugitivo de la justicia. Escapando continuamente de la suerte ingrata que él mismo forjara, fue expulsado sucesivamente de Inglaterra y de Francia. Más tarde su esposa lo abandonó, y su hija, el único consuelo de su vida, sucumbió ahogada. Finalmente, después de un rosario de aflicciones, murió torturado por la soledad, la desesperación y la angustia".[8]

"Pero, ¿porqué tanto infortunio? Los que rechazan el conocimiento de Dios, declaró el apóstol Pablo en el libro de Romanos, capítulo 1, versículo 28, "Dios los entrega a una mente reprobada, para hacer cosas que no convienen". Cuando todavía era estudiante, Aaron Burr dijo dogmáticamente: "No necesito a Dios".[9]

En esa declaración encontramos la explicación del drama vivido por un hombre que prefirió seguir los caminos de la incredulidad. Se confirmó así, una vez más, la reflexión sensata del sabio: "Hay camino que al hombre le parece derecho; pero su fin es camino de muerte" (Proverbios 14:12). La vida de un hombre sin Dios, se asemeja a una casa edificada sobre la arena. Al llegar al fin de la jornada de la vida, siente que vivió en vano, sin Dios y sin luz. Sacudido por perturbadoras tempestades; ve, perplejo, aproximarse la noche oscura, definido en el lenguaje Bíblico como: "camino de muerte".

No se puede entender a Cristo Salvador si no aceptamos primeramente que Él fue nuestro Creador. Y ¿dónde se encuentra la estampa de ese Creador? En la señal que lo identifica como tal: "Acuérdate del día del sábado para santificarlo. Seis días trabajarás, y harás toda tu obra; mas el séptimo es sábado para Jehová tu Dios;

no hagas en él obra alguna, tú, ni tu hijo, ni tu hija, ni tu siervo, ni tu criada, ni tu bestia, ni tu extranjero que está dentro de tus puertas. Porque en seis días hizo Jehová los cielos y la tierra, el mar, y todas las cosas que en ellos hay, y reposó en el séptimo día; por tanto, Jehová bendijo el día del sábado y lo santificó" (Éxodo 20:8-12).

El cuarto mandamiento claramente identifica a Dios como nuestro Creador. Y Ezequiel 20:20 nos corrobora claramente este concepto: "Y santificad mis sábados, y sean por señal entre mí y vosotros, para que sepáis que yo soy Jehová, vuestro Dios".

Fue en el Concilio de Laodicea, en el 336 d.C., que Constantino con el apoyo de la iglesia Cristiana en Roma, cambió el Sábado por el domingo, como el día del Señor. He aquí el edicto: "En el venerable día del sol se ordena que los magistrados y las personas que residen en las ciudades descansen, cerrando todos los talleres. En el campo, todas las personas ocupadas en la agricultura pueden trabajar libremente y legalmente...".[10]

"Los cristianos no deberán judaizar y descansar en el sábado, si no, deberán trabajar en ese día; pero el día del Señor (Domingo) ellos santificarán, y como cristianos deberán, si es posible, no trabajar en ese día. Si alguien se encontrara judaizando el sábado, será anatema de Cristo".[11]

"La iglesia, después de cambiar el día de reposo del sábado judaico, o séptimo día de la semana, al primero, hizo que el tercer mandamiento se refiriera al domingo como el día que ha de ser guardado como el día del Señor".[12]

Veamos lo que el famoso teólogo Judío Abraham Heschel dijo sobre el sábado: "'Y así fue como Dios bendijo (baruc) el día sábado, lo santificó (qadosh), porque en él reposó (shabbath) de toda la obra de la Creación (Gen. 2:1-3)'. Si hay algo inherente a la institución del sábado es que cuenta con la bendición divina. ¡Dios lo bendijo! Abraham Heschel con acierto indica que qadosh (santo), "es uno de los vocablos más distinguidos de la Biblia, un vocablo que mejor que ningún otro, representa el misterio y la majestad de lo divino".[13]

"Por esta razón, Filón de Alejandría, afirmó que el sábado es algo así como un día festivo, no en memoria de una ciudad o de una nación, sino de algo más universal, y lo calificó como el cumpleaños del mundo".[14]

"Mas la iglesia cristiana se dio el derecho que no le pertenecía de cambiar los tiempos y la ley de Dios. No fue Cristo que abolió los diez mandamientos, sino un poder que asume que tiene el derecho de ser igual a Dios. El verdadero creyente va adorar a Dios solamente. La adoración a Dios contrasta con la adoración a la bestia (Apocalipsis 13: 8, 12) y su imagen (vers. 15). En la crisis que pronto vendrá, los habitantes de la tierra tendrán que escoger, como lo hicieron los tres fieles hebreos de la antigüedad, entre el culto al verdadero Dios y el culto a los dioses falsos (Daniel 3). El mensaje del primer ángel tiene el propósito de preparar a los seres humanos para que hagan la debida elección y permanezcan firmes en el tiempo de la crisis. El Creador del universo es el verdadero y único objeto de adoración. Ningún hombre ni ningún ángel es digno de adoración. Esta prerrogativa sólo pertenece a Dios. El poder de crear es uno de los rasgos distintivos del verdadero Dios, en contraste con los dioses falsos (Jeremías 10: 11-12). La exhortación a adorar a Dios como el Creador ha llegado a ser especialmente oportuno desde los años siguientes a la predicación inicial del mensaje del primer ángel, debido a la rápida propagación de la teoría de la evolución. Además, la exhortación a adorar a Dios como el Creador de todas las cosas, indica que debe prestarse la debida atención al monumento que recuerda las obras creadas por Dios: El sábado del Señor. Si el sábado hubiese sido guardado como era el propósito de Dios, hubiera servido una gran salvaguardia contra la incredulidad y la evolución".[15]

MENSAJE DEL SEGUNDO ÁNGEL

Después del Primer Ángel, de repente vemos el Segundo Ángel

con un mensaje punzante e inmediato: "Otro ángel le siguió, diciendo: Ha caído, ha caído Babilonia, la gran ciudad, porque ha hecho beber a todas las naciones del vino del furor de su fornicación" (Apocalipsis 14:8).

Notemos que este ángel va por el medio del cielo a diferencia de los otros dos. Este ángel acompaña al primero, queriendo decir que los dos mensajes se complementan y dan secuencialmente lo que ha de acontecer.

El mensaje que ha caído Babilonia es utilizado por el apóstol Juan para describir todas las iglesias que han seguido a la madre iglesia en sus dictámenes, doctrinas y tradiciones.

Este es el sistema que utiliza la madre de las rameras y por consiguiente sus hijas le apoyan. La caída de esta madre iglesia y sus hijas es progresiva y acumulativa. ¡Ha caído por pretensiosa! También, porque ha cambiado los mandamientos de Dios y ha dado de beber el vino de su cáliz a sus devotos.

"Esta profecía de la caída de Babilonia ha hallado su cumplimiento en el alejamiento de la pureza y sencillez del Evangelio que se ha generalizado en el protestantismo… Este mensaje tendrá una creciente aplicación a medida que se acerque el fin, y se cumplirá plenamente con la unión de diversos elementos religiosos bajo la dirección de Satanás. El mensaje de Apocalipsis cap.18: 2-4 anuncia la caída completa de Babilonia y exhorta al pueblo de Dios que aún está esparcido en las diversas organizaciones religiosas que componen a Babilonia, a separarse de ellas".[16]

"El nombre "Babilonia", en forma simbólica, aparece a menudo en los primeros siglos del cristianismo, en la literatura judía y cristiana, para denotar a la ciudad de Roma y al Imperio Romano. En 2 Baruc, obra apócrifa del siglo I o II d.C., el nombre "Babilonia" se usa para referirse a Roma como lo hace el Apocalipsis (cap. 11: 1-3). También en el Midrash Rabbah judío, en el comentario de Cantares 1:6, dice: "El lugar de Roma lo llamaron Babilonia". Tertuliano del siglo II, declara específicamente que el término Babilonia se refiere en el Apocalipsis a la ciudad capital de la Roma imperial".[17]

El apóstol Pedro, cuando se despide de su primera epístola, se refiere a la iglesia de Roma como Babilonia: "La iglesia que está en Babilonia, juntamente que está elegida con vosotros, os saluda, y Marcos mi hijo" (I Pedro 5:13).

Es notable mencionar que en ese tiempo la Babilonia literal ya había dejado de existir. Para muchos eruditos Pedro estaba en Roma cuando escribió este saludo. Podemos concluir entonces, que Babilonia es un falso sistema religioso que incluye a la madre iglesia que apostató y sus hijas que siguen apoyándola cuando aceptan sus cambios a la Biblia y su proyección teológica. Podríamos decir que es el protestantismo apóstata y sus derivados. Y digo apóstata, porque se olvidaron de protestar y se han conformado y han aceptado los dictámenes de la Madre de todas las Rameras.

Luego vemos que esa Babilonia hará beber de su copa; esto es un símbolo que describe la aceptación de las falsas enseñanzas y su propia política. Dice que, "ha hecho beber a todas las naciones", sugiriendo que empleará la fuerza como en la edad media y tratará de emplearla en el futuro. Podemos deducir que los elementos religiosos presionarán al Estado para que éste imponga sus decretos por la fuerza. Podemos añadir que se va a tratar de sustituir las leyes de Dios por leyes humanas, y la sanción de decretos religiosos de parte del Estado llegará a ser una práctica usual que será adoptada en diferentes partes del mundo.

En Jeremías 25:15 se le ordena al profeta: "Toma... la copa del vino de este furor, y da a beber de él a todas las naciones". Babilonia, sin embargo, promete la paz al que se le una, pero la realidad es que el beber de esta copa traerá sobre las naciones la ira de Dios y la destrucción súbita. Este vino es uno que lleva a la relación ilícita entre el mundo y la iglesia con la política. Al buscar el apoyo del Estado deja a un lado a su legítimo marido, Cristo Jesús, el verdadero Salvador y Redentor. Esto es fornicación espiritual. Esta unión ilícita se dirá que es para el bien de la sociedad y para traer salvación a lo que está mal en nuestro mundo.

También debemos aclarar que este vino son doctrinas, enseñanzas y tradiciones de la Madre iglesia que sus hijas están dispuestas a aceptar, formando una coalición político-religiosa, por supuesto siempre diciendo que es por buenas razones. Esto se ha visto a través de toda la historia, cuando algún movimiento déspota, por buenas razones, quiere cambiar el mundo y el que se le opone es perseguido y hasta decapitado. Pensar que todo se hizo y se sigue haciendo en el nombre de algún Dios.

Escatológicamente, el segundo ángel sigue al primero, pero el primer ángel continúa su ministerio al unísono con el segundo ángel. En ese sentido el mensaje del segundo ángel acompaña al del primero. En los capítulos previos vimos la caída gradual de la madre iglesia y luego la caída de las supuestas hijas. Entonces podemos deducir que Babilonia, como se encuentra en el Apocalipsis, simboliza desde la antigüedad hasta el fin del tiempo a todas las iglesias apóstatas y a sus dirigentes que sabiendo la verdad no la predican ni practican.

El alcance universal de la apostasía será a causa de la sustitución de las leyes de Dios por leyes y tradiciones de hombres falibles. Al ofrecer la gran ramera su vino a las diversas naciones, como consecuencia trae un conformismo sin igual. Babilonia no tiene el propósito de causar furor, pues ella dice que el beber de su vino traerá paz mundial; sin embargo, beber de él traerá sobre las naciones la ira de Dios. El mensaje del segundo ángel que encontramos en los versículos pertinentes, algunos le dan el sentido aún más enfático: "Ella ha hecho beber a todas las naciones del vino de su inmoralidad apasionada".

La fornicación de la cual se habla aquí simboliza la relación no aprobada por Dios entre la iglesia y el mundo, o entre la iglesia y el Estado. "La iglesia debe estar casada con su Señor; pero cuando busca el apoyo del Estado, abandona a su legítimo marido, y mediante su nueva relación, comete fornicación espiritual".[18]

Estimado lector, ahora es el momento que debemos reaccionar ante el inminente juicio que se avecina. Dios no odia a nadie. El detesta el pecado, pero no al pecador. Este mensaje debe ser acatado en forma personal, porque la salvación siempre es personal: ¡Tú y Cristo!

MENSAJE DEL TERCER ÁNGEL

Mientras el mensaje del Segundo Ángel se predica, aparece en la parte más alta del cielo otro protagonista. Me refiero al Tercer Ángel que con voz amplificada y fuerte reafirma los mensajes angelicales previos. Comienza advirtiendo, "El que adora a la bestia" (Proskunéo). Esto detiene en su lugar al lector alarmándolo y diciéndole que se despierte de su sueño. ¡Hay que estar alerta! Como dijimos anteriormente que el principio de 'Causa y Efecto' es relevante, aquí también se aplica. Los primeros ángeles nos anunciaron que nos preparemos para el fin y nos dieron el porqué, el cómo y la causa. El último ángel nos da el efecto o resultado de rechazar al llamado que Dios nos hace. Nos informa de un cambio de dirección que necesitamos tomar.

"El mensaje del Tercer Ángel, como se predica actualmente, es una advertencia en cuanto a los conflictos que están por llegar, una advertencia que hará entender a todos los hombres qué es lo que está comprometido en la lucha que ha comenzado y qué los capacitará para hacer una elección inteligente".[19]

Este mensaje se identifica a los adoradores de la bestia con los de la imagen. Ambos recibirán la marca. El vino de la ira es vaciado y esto en el griego significa que ha sido mezclado sin mezcla, o sea, es 100% puramente fermentado con las doctrinas falsas de la gran ramera. Las hijas (las iglesias que han dejado la verdadera fe) aceptan beber estas falsas doctrinas formando una imagen que le dará el poder a la Ramera. Para esto se necesita el poder civil de la bestia. El Tercer Ángel proclama una amenaza sumamente impresionante.

Anuncia que los habitantes de la tierra no tendrán justificación si
"adoran a la bestia y a su imagen". Deben dedicar todos sus esfuerzos
para descubrir la identidad de la bestia, su imagen y su señal, y
conocer sus artificios y procedimientos y qué papel desempeña la
Gran Ramera en todo ese proceso. Hoy, estimado lector, Cristo te
invita a *salir de Babilonia y no ser partícipe del vino de su fornicación.*
No aceptes sus doctrinas, costumbres y tradiciones. No aceptes sus
cambios como si Dios lo hubiera aprobado. Ser partícipe de una de
las hijas es ser cómplice de la madre. ¡La única solución es Cristo
Jesús! Él pide que le miremos para ser salvos. Esto fue ejemplificado
con la serpiente de bronce en el desierto. Cuando los Israelitas
miraban a la serpiente, las víboras venenosas no tenían poder sobre
ellos. La humanidad se complace en caminar sobre el sendero ancho
y placentero, pero tú y yo debemos caminar fuera de nuestra zona de
confort por el camino escabroso y angosto que lleva a la vida eterna.

El mensaje del Tercer Ángel, es una advertencia en cuanto
a los conflictos que están por llegar, una advertencia que hará
entender a todos los hombres qué es lo que está comprometido
en la lucha que ha comenzado y qué los capacitará para hacer una
elección inteligente. Este mensaje empieza con fuerza a predicarse
después que Roma hace un pacto con un poder civil en 1929 (Benito
Mussolini —Tratado Laterano).

Veamos un poco el proceso de cómo la historia llegó a esta
fecha: En 1861, por el tiempo de la unificación italiana, casi todas
las tierras papales fueron adquiridas por el Reino de Italia, y como
consecuencia de las conquistas del ejército italiano. La soberanía
del papa se restringió a Roma y sus alrededores hasta 1870, cuando
Roma se incorporó al nuevo Reino. En 1871, el Parlamento
italiano estableció el derecho de garantías que aseguraba la libertad
espiritual del papa, le otorgaba un ingreso financiero y le ofrecía
una concesión especial de estatus a la zona del Vaticano. El Papa
Pío IX se autoimpuso la condición de preso en el Vaticano y esto
duró hasta 1929, cuando el Vaticano y el gobierno de Mussolini

rubricaron tres acuerdos que regularon la disputa y se empezó a curar la herida de muerte. En esta instancia, como lo escribimos con detalles anteriormente, empezó a curarse la herida que la iglesia madre recibiera en el año 1798, en manos del mariscal Bertier. Allí se le devolvió 44 hectáreas al Vaticano.

"La notable influencia desde entonces del Vaticano es alarmante. El primer mandatario del Vaticano tiene en estos momentos la oportunidad de diálogo abierto con las principales personalidades del mundo. Esto significa un notorio vuelco histórico. Son pocos los que conocen lo que ocurrió entre 1850 y 1854. En 1852, el Papa Pío IX, siguiendo el ejemplo de los jefes de estado de su tiempo, envió a los Estados Unidos una pieza de mármol para ser utilizada en el monumento a Washington, que estaba en proceso de construcción. Las protestas que se levantaron, fueron enormes. Dos años después, un grupo de constructores dio con la pieza de mármol y la arrojaron al fondo del Río Potomac. En la actualidad, eso jamás podría ocurrir frente a un poder tan influyente".[20]

Desde entonces los movimientos han sido sutiles y diligentes hacia el proyecto de la unificación de todas las iglesias, para formar un nuevo orden mundial. La iglesia lo intentó de concretar con Hitler en el Tratado del Tercer Reich, pero ya sabemos cómo terminó ese plan.

Vemos últimamente como este poder trata de formar una unificación mundial utilizando a Estados Unidos de América y a sus aliados. Últimamente el reclamo de un Nuevo Orden Mundial fue expresado claramente en un discurso dirigido a la Pontificia Academia de las Ciencias: "Hoy es más importante que nunca, instituir un orden mundial, tanto político como jurídico y económico, basado en reglas morales claras".[21]

También ha estado buscando unificar las mayores religiones consigo misma y ella ser la cabeza de este movimiento. Algunos Títulos escritos en ciertas publicaciones importantes de nuestra época son los siguientes:

"Católicos abrazan a Evangélicos".
"Evangélicos y Católicos se unen".
"La visión cristiana en el tercer milenio".
"Evangélicos y Católicos unen fuerzas".[22]

"Los 58 millones de católicos en los Estados Unidos han de ser la fuerza que inclinarán la balanza de los votos en la política estadounidense y quien quiera que gane ese voto, regirá en Estados Unidos por el resto de este siglo y el siglo venidero".[23] "La Iglesia Católica y las protestantes decidieron lo siguiente: Distanciarse de los movimientos apocalípticos cristianos, que desean apresurar el fin del mundo y el regreso de Cristo".[24]

Hoy en día el pontificio se encuentra en diálogo para la unificación, con la Iglesia Ortodoxa Copta, la Iglesia Maláncaras, Comunión Anglicana, la Federación Mundial Luterana, las Iglesias Reformadas, la Iglesia Metodista, la Alianza Mundial Bautista, los Discípulos de Cristo y ciertos grupos Pentecostales. Además, algunos líderes protestantes enfatizan la importancia de esta unión: Pat Robertson, en el prefacio del libro de Fournier, utiliza la metáfora del "cruzar y sanar las divisiones", en tanto que el autor habla de "evitar abismos".[25]

Tú dirás: "¡Pero es por un buen propósito!" ¿Sin embargo, cuál es el fin de todo? En el mundo se busca hacer planes por una buena causa, si no se involucra a Dios y la verdad inmutable en esos planes, no es posible alcanzar un fin seguro. Debemos aclarar que la bestia y la imagen se unen en sus propósitos y prácticas, y en su exigencia de que los hombres reciban la marca de la bestia. Por lo tanto, el que adore a la bestia, también adorará la imagen de la bestia y llevará su señal. Dios no quiere que tú recibas esa señal de perdición. El dio a su Hijo, el único Intercesor para que tú y yo seamos salvos. La marca que Él desea colocar en nosotros es el sello de Su sangre salvífica. Es el amor del Padre reflejado en nosotros. Y si tenemos ese amor, el fruto de esa señal será el cumplimiento de los mandamientos de Dios en nuestra vida, especialmente aceptando que el cuarto mandamiento, "El Sábado", está vigente y Dios no le dio la autoridad a nadie de cambiarlo, substituirlo o anularlo.

El Tercer Ángel proclama una amenaza sumamente terrible. Los seres humanos no tendrán excusa si "adoran a la bestia y a su imagen". Debemos dedicar todos los esfuerzos para descubrir la identidad de la bestia, su imagen y su señal, y conocer sus artificios y procedimientos. Este libro nos ayuda muchísimo a identificar los factores más relevantes de los poderes siniestros que están trabajando todavía en nuestros tiempos. Verdaderamente hay una esperanza sumamente importante para los vencedores, que encontramos en la última parte del Mensaje del Tercer Ángel:

"Aquí está la paciencia de los santos, los que guardan los mandamientos de Dios y la fe de Jesús" (Apocalipsis 14:12).

"Satanás obrará al mismo tiempo con todo "engaño de iniquidad" (2 Tesalonicenses 2: 10; Mateo 24: 24). Pero en medio de todo perseverará hasta el fin el fiel remanente y mantendrá su integridad. Su firmeza a toda prueba merece una alabanza especial".[26]

Notemos que este Remanente tiene las características prominentes que lo distingue. Son pacientes, son santos, pero guardan los mandamientos de Dios, no de los hombres.

El mundo se inclinará delante de la bestia y su imagen, y cumplirá sus dictados y decretos; pero los santos se negarán a cumplir sus exigencias porque guardan los mandamientos de Dios. El asunto crucial del conflicto será el cuarto mandamiento de la ley de Dios.

"Los cristianos concuerdan en términos generales en cuanto al carácter obligatorio de los otros nueve mandamientos; pero a principios de la era cristiana se comenzó a poner a un lado el sábado, séptimo día de la semana, y a sustituirlo por la observancia del primer día de la semana como día de culto. Algunos afirman que los Diez Mandamientos fueron abolidos junto con todas las leyes ceremoniales del Antiguo Testamento; otros sostienen que el elemento temporal del cuarto mandamiento es ceremonial, pero que la orden de observar un día en siete es una obligación moral. Estas opiniones no se basan en las Escrituras. El punto de vista de la iglesia de Roma es que ella transfirió el carácter sagrado de un día al otro por autoridad divina".[27]

En esa hora de incertidumbre los hijos de Dios se aferrarán a la Biblia y no le rendirán homenaje a ningún poder, excepto a Cristo. Entre los muchos rasgos característicos que podrían habérsele mencionado al profeta apocalíptico, se le indicó que destacase dos predominantes: la observancia de los mandamientos de Dios y la fe de Jesús.

"La fe de Jesús y la observancia de los mandamientos representan dos aspectos importantes de la vida cristiana. Los mandamientos de Dios son un reflejo de su carácter, pues exponen la norma divina de justicia que Dios anhela que alcance el hombre, pero que debido a su condición pecaminosa no puede lograr. "La mente carnal... no se sujeta a la ley de Dios, ni tampoco puede" (Romanos. 8:7). A pesar de sus mejores esfuerzos, el hombre continuamente está destituido de la gloria de Dios; pero Jesús vino para capacitar a los seres humanos y restaurarlos a la imagen divina. Vino para mostrar cómo es el Padre, y en este sentido amplió el significado de la ley moral o Diez Mandamientos. Los hombres pueden guardar los requisitos divinos por medio del poder de Cristo y reflejar así la imagen divina".[28]

Los hijos de Dios tenemos la responsabilidad de adorarle en espíritu y en verdad. Debemos estudiar diligentemente las profecías para estar acatados a los grandes acontecimientos del tiempo del fin. Estas verdades no son populares. El mundo desea algo que nada más los acaricie por encima y nunca les toque su zona de conformidad.

Los mensajes de los Tres Ángeles no son muy difundidos porque ellos tocan las llagas de una sociedad concupiscente. Estas advertencias para muchos son muy alarmistas y carentes de amor. Pero estimado lector, ¡Dios amonesta y aconseja a los que ama! Si miramos y abrazamos al perfecto sacrificio de Cristo seremos salvos, pero esta salvación viene con un alto sentido de responsabilidad. Tu pecado y el mío fue pagado por un alto precio, con la muerte de nuestro Salvador Cristo Jesús. ¿Dónde encontraremos refugio, sino en Cristo y su verdad?

Hemos visto a través de la historia la caída y apostasía de un cristianismo nominal. Pruebas y datos te han sido expuestos. No es por falta de conocimiento o falta de información que nos perderemos, sino por un acto de rebeldía cometido aquí o allá. Busca el Remanente con las características que Dios te muestra en la Biblia. Vivamos cual Cristo y vistámonos de su perfecta justicia. "Nuestro Padre celestial está esperando para derramar sobre nosotros la plenitud de sus bendiciones. Es nuestro privilegio beber abundantemente en la fuente de amor infinito. ¡Qué extraño que oremos tan poco! Dios está pronto y dispuesto a oír la oración sincera del más humilde de sus hijos y, sin embargo, hay de nuestra parte mucha cavilación para presentar nuestras necesidades delante de Dios".[29] ¡Tú vales mucho para Él! ¡Tú y yo somos la razón por la cual Él murió! La salvación pertenece únicamente a Jehová. ¡Haz tu decisión hoy!: "Yo y mi casa serviremos a Jehová" (Josué 24:15).

Referencias

1 White, Elena G. *Testimonios para Ministros*, p. 109.
2 *Comentario Bíblico Adventista*, V. 7, p. 210.
3 Hamerly Dupuy, Dr. Daniel. *Defensores Latinoamericanos de una Gran Esperanza*, p. 121.
4 Ibid, pp. 173-181.
5 Hamerly Dupuy, Dr. Daniel. *El Gran Movimiento Adventista*, pp. 23,24.
6 Sampey, J.R. *Estudios Sobre El Antiguo Testamento*, Capítulo 1, p. 5.
7 Ibid, pp. 5,6.

8 Oliveira, *Enoch De. Devocional, Buenos Días Señor*, p. 218.
9 Ibid, p. 218.
10 Schaff, Philip. *Historia de la Iglesia Cristiana*, V3, p. 380.
11 *Historia de los Concilios de la Iglesia*, V2, p. 316.
12 *Catholic Encyclopedia*, V4, p. 153.
13 *El Shabbath*, p. 9.
14 *On the Creation of the World*, p. 482.
15 *Comentario Bíblico Adventista*, Vol. VII, p. 210.
16 *Comentario Bíblico Adventista*, p. 212.
17 *Contra Marción* iii. 13; *Respuesta a los judíos* 9
    Ireneo, Contra herejías V. 26. 1.
18 *Cometario Biblico Adventista*, p. 845.
19 *Ibid*, p. 217.
20 Moynihan, Robert. *Inside de Vatican*, p. 11.
21 (https://www.aciprensa.com/notic1999/marzo/notic596.htm)
22 *Adventist Review*, (1994) 4/28/94, pg. 6, *First Things*, May,
    No. 44, p. 15.
23 *Church and State*, January 1996, p. 18.
24 *Echumenical News International*, March 1, 1999.
25 *A House United*, pp. 7, 8, 202.
26 *Cometario Biblico Adventista* T. 7, pp. 846, 847.
27 Ibid, pp. 846, 847.
28 Ibid.
29 White, Elena G. *Camino a Cristo*, p. 93.

¡EN MI HOGAR, AL FIN!

CAPÍTULO XI | ¡EN MI HOGAR, AL FIN!

Cada vez que salgo de viaje, cuento los días y las horas para regresar a mi casa. ¿Por qué? Es que deseo comer algo preparado en casa. ¡Ah! También dormir en mi cama. ¡Oh! ¡Cómo extraño ver los árboles frutales y comer sus frutos! Podré alojarme en los mejores hoteles, pero nunca sustituyen a mi hogar, dulce hogar. Como viajo mucho, al quedarme en diferentes domicilios no me acostumbro a la logística de cada lugar. Me levanto en la madrugada para ir al baño y termino tropezándome o dándome un golpe de cabeza, porque al estar medio dormido, no sé dónde estoy, me confundo y me choco con una pared o un mueble que no sabía que estaba allí. En mi hogar puedo expresarme con libertad y vestirme cómodamente. Además, puedo decir que de toda la tierra, ese lugar es mi rinconcito del cielo.

Verdaderamente la patria eterna será algo indescriptiblemente maravillosa. Como dice la Santa Escritura: "Cosas que ojo no vió, ni oído oyó. Ni han subido en corazón de hombre, son las que Dios ha preparado para aquellos que le aman" (I Corintios 2:9). El apóstol veía la gran Jerusalén con más claridad porque las contemplaba con los ojos de la fe.

Esto me hace pensar cómo será estar finalmente en el hogar celestial, me refiero a la Patria Eterna. Primero, tenemos que contestar si queremos dejar este mundo tan ideal que tenemos ahora. ¡Sí! Estoy siendo irónico, pero es que existen personas que desean quedarse aquí supuestamente, gozando de este planeta tan pacífico. Piensa en esto ¿Sufres de algún achaque o problema de salud? ¿Tienes deudas que pagar o ya tienes tanto dinero que no tienes ningún problema que te agobia? Dónde vives, ¿tienes alguna amenaza de la madre naturaleza? ¿Tienes temor del terrorismo, las guerras o alguna nueva peste que aflore? Si contestas que sí, te voy a presentar la mejor opción: la vida eterna en Cristo Jesús y vivir en tu propia mansión preparada por Él.

Imagínate no tener que pagar servicios públicos, hipotecas, ni impuestos porque Cristo lo pagó todo con su propia sangre. Ningún magnate de esta tierra tiene esta posibilidad. Pero quiero explicarte cual será tu herencia y cómo la recibirás cuando allá se pase lista. Te presento tu nuevo domicilio: Juan lo describe como la "Nueva Jerusalén", nueva en especie y calidad. Juan contempló en visión el descenso de la ciudad. Si lo que te voy a presentar parece de ciencia ficción, por lo menos dame la oportunidad y juega conmigo el papel. Debemos partir diciendo que Dios es el Diseñador, Originador y Creador de dicha ciudad.

Un ángel poderoso dirigió la atención de Juan a la Nueva Jerusalén, el centro y sede del reino eterno. Notemos que fue uno de los ángeles portadores de las plagas el que le presentó al profeta la Babilonia simbólica, y que ahora es también uno de ellos quien le muestra la Nueva Jerusalén. A Juan le pareció, mientras estaba en visión, que había sido depositado sobre "un monte grande y alto". Desde esa posición contempló los detalles de la ciudad.

La "luz" de la ciudad es la "gloria" de Dios. En Apocalipsis 21:11 dice: "Teniendo la gloria de Dios, el fulgor de ella semejante a una piedra muy valiosa, como piedra de jaspe, clara como el cristal". "¡El muro sería impresionante! El cuadro es el de una ciudad antigua con muros y puertas; eran términos con los cuales estaba familiarizado el profeta, y la Inspiración escogió revelarle las glorias de la ciudad eterna en términos que él comprendía. La descripción y el lenguaje humano no pueden representar adecuadamente la grandeza de esa ciudad celestial. Dice la Revelación que habrá doce puertas, tres por cada lado siendo protegidas por doce poderosos ángeles. Hay hermosura inherente en las proporciones correctas, el perfecto equilibrio y la congruencia de dicha ciudad".[1]

La ciudad que es un perfecto cubo medirá 12,000 estadios. Un estadio tiene unos 183 metros de largo. Por lo tanto, el largo de 12,000 estadios serían unos 2,220 km. Cada lado de la ciudad mediría unos 529 km.

"Sea cual fuere la incertidumbre respecto a la proporción exacta o tamaño de la ciudad, es seguro que su gloria celestial superará en mucho a la imaginación más elevada. Nadie tiene por qué preocuparse, pues habrá suficiente lugar para todos los que desean vivir allí. En la casa del Padre hay "muchas moradas".[2]

El muro sería de unos 64 metros. No sabemos si de alto o de espesor. Sean cuales fueren las medidas, podemos estar seguros de que todo es perfecto. Los santos entenderán el significado de las medidas de Juan cuando vean la ciudad. La estructura de la ciudad parece tener la transparencia del vidrio. Su hermosura refulgente sin duda cambia con cada rayo de luz que se refleja en ella. Se mencionan doce clases de piedras preciosas en el fundamento. Un joyero moderno no puede identificarlas todas.

Podemos deducir algunos de los colores de algunas de estas piedras: jaspe color rojo o violáceo; zafiro color azul; ágata tal vez de color verde; esmeralda de color verde brillante; ónice con vetas pardas y rojas y un fondo blanco; cornalina, se cree que es una gema rojiza; crisólito, literalmente piedra dorada; berilo, quizá sea una gema de color verde mar; topacio, se cree que es una piedra más o menos transparente de color amarillo que usaban los antiguos para hacer sellos y joyas; crisoprasa, el crisoprasa moderno es una gema transparente de color verde manzana; jacinto, quizá una gema de color púrpura; amatista se cree que es una gema de color púrpura suave. Imagínate, que las puertas serán de una sola Perla Madre. ¡Qué Perla! No habrá necesidad de cuerpos luminosos para la iluminación de la ciudad. El resplandor glorioso de la presencia de

Dios proporcionará más luz que la necesaria. Muchas de las figuras de la descripción que hace Juan de la santa ciudad, son tomadas de los escritos de los antiguos profetas que describieron las glorias de la Jerusalén que podría haber existido. Juan describe en Apocalipsis la ciudad que será.

El ángel le había mostrado a Juan el exterior de la ciudad, pero ahora dirige su atención a ciertos detalles del interior. Hay un rio resplandeciente que brota del trono de Dios. En el medio del gran jardín se encuentra el Árbol de la Vida. Este árbol es un símbolo de la vida eterna que procede de la fuente de vida. Habrá abundancia constante y suficiente para suplir todas las necesidades de la vida de los salvados durante la eternidad. Las hojas del árbol serán para la sanidad de las naciones. La palabra sanidad en el Griego Bíblico es *"therapéia"* y en el español es terapia. Esta palabra sólo aparece cuatro veces en el Nuevo Testamento. En el griego clásico, *therapéia* tiene diversos significados como: "servicio", "nutrición", "cuidado".

De verdad que la patria eterna será algo espeluznante. Ningún palacio de este mundo puede compararse al del cielo. Lo que será ver en persona las calles de oro. La mesa donde se sentarán los redimidos será de cientos de kilómetros de largo. Grandes serán las sorpresas en dicho lugar. Personas que nunca esperábamos ver allá, estarán presentes porque aceptaron al Salvador en la hora undécima. ¡Qué notable es el contraste entre la vida presente con sus tragedias, pesares y quebrantos, y este nuevo orden social prometido en las Escrituras!

El hombre edifica con entusiasmo y emoción una mansión en la cual espera vivir muchos años. La vida se le presenta risueña. Pero un día el diagnóstico de un médico lo hace estremecer. La presencia perversa de un cáncer le anuncia que le quedan unos pocos meses de vida. Y la tragedia se abate implacable destruyendo sus planes e ilusiones de vida. "¡Qué destino tan cruel...!" Comentan sus amigos.

Más tarde un extraño se muda a aquella mansión disfrutando del trabajo de aquel que murió prematuramente. ¡Qué diferentes serán las cosas en el paraíso restaurado por Dios! En él, los redimidos "edificarán casas y morarán en ellas; plantarán viñas y comerán del fruto de ellas" (Isaías 65:21). "No tenemos aquí ciudad permanente, sino que buscamos la por venir" (Hebreos 13:14).

Las puertas de la ciudad de Dios se abrirán, y los redimidos entrarán en medio de vibrantes aclamaciones. Todo el cielo rebozará de alegría. Los ángeles ejecutarán melodiosa música, acompañada con arpas de oro. Y una multitud innumerable, formada por los redimidos de toda la tierra, se unirán en jubiloso cántico: "Grandes y maravillosas son tus obras, Señor Dios todopoderoso, justos y verdaderos son tus caminos, rey de los santos" (Apocalipsis 15:3).

Después de largo peregrinaje por este mundo tormentoso, lleno de peligros, aflicciones y temores, ¡qué felicidad será divisar la ciudad del más allá! ¡Nuestro gozo alcanzará su clímax cuando nuestros pies crucen los portales de la Nueva Jerusalén! Allí viviremos con incontenida emoción la experiencia descrita por el testigo de Pátmos: cantaremos "sobre el mar de vidrio" el cántico de victoria. ¡Entonces estaremos, finalmente, en nuestra patria eterna!

Gloriosa es la descripción de esta ciudad. Tú y yo podemos verla con el telescopio de la fe. ¡Ya es hora de despertarnos del sueño! "Porque ahora está más cerca de nosotros nuestra salvación que cuando creímos. La noche está avanzada, y se acerca el día" (Romanos 13:11-12). Muy pronto llegaremos a la ciudad celestial. El viaje habrá terminado y las cosas viejas serán pasadas. No seremos más extranjeros, sino que estaremos con el Señor, donde no hay más muerte, ni dolor, ni penurias.

"Allí intelectos inmortales contemplarán con eterno deleite las maravillas del poder creador, los misterios del amor redentor. Allí no habrá enemigo cruel y engañador para tentar a que se olvide a Dios. Toda facultad será desarrollada, toda capacidad aumentada. La adquisición de conocimientos no cansará la inteligencia ni agotará las energías. Las mayores empresas podrán llevarse a cabo, satisfacerse las aspiraciones más sublimes, realizarse las más encumbradas ambiciones; y sin embargo surgirán nuevas alturas que superar, nuevas maravillas que admirar, nuevas verdades que comprender, nuevos objetos que agucen las facultades del espíritu, del alma y del cuerpo".[3]

"Todos los tesoros del universo se ofrecerán al estudio de los redimidos de Dios. Libres de las cadenas de la mortalidad, se lanzan en incansable vuelo hacia los lejanos mundos—mundos a los cuales el espectáculo de las miserias humanas causaba estremecimientos de dolor, y que entonaban cantos de alegría al tener noticia de un alma redimida. Con indescriptible dicha los hijos de la tierra participan del gozo y de la sabiduría de los seres que no cayeron. Comparten los tesoros de conocimientos e inteligencia adquiridos durante siglos y siglos en la contemplación de las obras de Dios. Con visión clara consideran la magnificencia de la creación—soles y estrellas y sistemas planetarios que en el orden a ellos asignado circuyen el trono de la Divinidad. El nombre del Creador se encuentra escrito en todas las cosas, desde las más pequeñas hasta las más grandes, y en todas ellas se ostenta la riqueza de su poder… Y a medida que los años de la eternidad transcurran, traerán consigo revelaciones más ricas y aún más gloriosas respecto de Dios y de Cristo. Así como el conocimiento es progresivo, así también el amor, la reverencia y la dicha irán en aumento. Cuanto más sepan los hombres acerca de Dios, tanto más admirarán su carácter. A medida que Jesús les descubra la riqueza de la redención y los hechos asombrosos del gran conflicto con Satanás, los corazones de los redimidos se estremecerán con gratitud siempre más ferviente, y con arrebatadora alegría tocarán sus arpas de oro; y miríadas de miríadas y millares de millares de voces se unirán para engrosar el potente coro de alabanza".[4]

Es por esta razón que el Apocalipsis denota lo siguiente: "Y a toda cosa creada que está en el cielo, y sobre la tierra, y debajo de la tierra, y sobre el mar, y a todas las cosas que hay en ellos, las oí decir: ¡Bendición, y honra y gloria y dominio al que está sentado sobre el

trono, y al Cordero, por los siglos de los siglos!" (Apocalipsis 5:13).
"El gran conflicto ha terminado. Ya no hay más pecado ni
pecadores. Todo el universo está purificado. La misma pulsación
de armonía y de gozo late en toda la creación. De Aquel que todo
lo creó manan vida, luz y contentamiento por toda la extensión del
espacio infinito. Desde el átomo más imperceptible hasta el mundo
más vasto, todas las cosas animadas e inanimadas, declaran en su
belleza sin mácula y en júbilo perfecto, que Dios es amor".[5]

Ya Isaías profetizaba y daba una descripción vívida de lo que sería
la patria eterna cuando dijo: "Mi pueblo habitará en mansión de paz,
en moradas seguras, en descansaderos tranquilos". "No se oirá más
la violencia en tu tierra, la desolación ni la destrucción dentro de tus
términos; sino que llamarás a tus muros Salvación, y a tus puertas
Alabanza". "Edificarán casas también, y habitarán en ellas; plantarán
viñas, y comerán su fruto. No edificarán más para que otro habite, ni
plantarán para que otro coma; ...mis escogidos agotarán el usufructo
de la obra de sus manos" (Isaías 32:18; 60:18; 65:21, 22).

¡Cuánto deseo estar en ese lugar maravilloso! "Durante mucho
tiempo hemos esperado el regreso de nuestro Salvador. Pero no
por eso la promesa es menos segura. Pronto nos encontraremos en
nuestro hogar prometido. Allá Jesús nos guiará junto a las aguas
vivas que fluyen del trono de Dios, y nos explicará las enigmáticas
disposiciones a través de las cuales nos guió a fin de perfeccionar
nuestros caracteres".[6]

Pensar que el mundo en su mayoría descarta este lugar como
algo ficticio, como un invento sensacional que no debemos ponerle
atención. Tu Cristo y el mío nos ofrece una opción a una vida sin
propósito. No estamos desamparados a la deriva. ¡Cristo es nuestra
esperanza!

Un día tuve que atender a un niño que estaba muriendo de
leucemia. Esperaba ver a un jovencito en desesperación, angustia y
gran dolor. Para mi sorpresa lo único que emanaba de su semblante
era una sonrisa. Le pregunté porqué él estaba feliz. Me dijo: "Yo sé

que un día Jesús me va a levantar y yo estaré con Él para siempre. ¡Yo estoy feliz porque Jesús me ha hecho feliz!" ¡Oh! ¡Qué fe insuperable! Cristo nuestro único Mediador, Salvador y Redentor está dispuesto a iluminarnos en el camino de la verdad. Sabemos que este camino no es fácil, aunque algunos así lo digan, pero hay poder en la sangre de Cristo Jesús. El evangelio no es abstracto, sino sencillo y fácil de llevar.

Tal vez tú digas: "¡No he nacido para ser feliz!" Quizá otro argumento: "¡No creo que exista la felicidad!" Sin embargo, Marden dijo: "la felicidad es el destino del hombre".[7]

Helen Keller, esa admirable mujer sorda, ciega y muda, declaró: "la felicidad debe ser tan profunda, como un dogma de fe".[8] Aunque seamos escépticos en cuanto a lograr la felicidad, debemos reconocer que la necesitamos y la buscamos. Es una necesidad tan imperiosa como alimentarnos, respirar o relacionarnos con otros. Si nos preguntamos: ¿Para qué trabajo? ¿Para qué ahorro? ¿Para qué formé un hogar? ¿Por qué busco recreaciones? La respuesta será: porque anhelamos encontrar en esas actividades, un grado de felicidad.

Centenares de libros se han escrito sobre el tema de la felicidad, proponiendo miles de caminos y soluciones. Creemos que nadie ha dado mejor fórmula que la que nos diera nuestro Señor Jesucristo en el inmortal sermón de la montaña: "Mas buscad primeramente el reino de Dios y su justicia, y todas estas cosas os serán añadidas" (Mateo 6:33). La razón de tanta desgracia y problemas, es que el hombre moderno ha invertido la fórmula; gasta su vida en procura de los bienes materiales y deja a Dios en último lugar. Jesús nos propone buscar a Dios, unirnos con Él, vivir con Él y para Él, y así junto con Él, será más fácil el camino de la vida.

¡La vida cambia por completo al ponerla en manos de Dios! Un día escuche en una predicación de un pordiosero que procuraba provocar la caridad pública, arrancando tonos desafinados a un desportillado violín. Nadie escuchaba su concierto chirriante, hasta que de pronto un desconocido con su amigo se pararon frente al pobre hombre: 'Présteme su violín, buen hombre', pidió el desconocido. Lo tomó de las débiles manos del vagabundo, afinó las cuerdas y entesó. De súbito el aire se llenó de sublimes armonías. Pronto la silenciosa multitud, escuchaba asombrada el extraordinario concierto; el violín viejo y casi deshecho, parecía haber cobrado vida. ¡De su interior manaban como de una fuente, trinos y arpegios bellísimos! Cesó la música, el desconocido devolvió el violín, el amigo tomó el maltrecho sombrero del mendigo que al momento se llenó de billetes y monedas. Al devolvérselo, este preguntó: "¿Quién ha tocado mi violín?" "–Fue mi amigo Paganini", –respondió el buen hombre: "¡Oh, con razón!"–dijeron todos los presentes. "¡El maestro tocó el violín!"

Muchas veces nuestras vidas se parecen al viejo y desafinado violín. Solamente produce notas discordantes. El secreto estriba en entregarla en "las manos del divino Maestro"; Él, nos afinará y hará brotar de nuestra vida, raudales de armonías, que nos brindarán felicidad a nosotros y a nuestros semejantes. El Apóstol Pablo experimentó esa maravillosa transformación: "Vivo no ya yo, más vive Cristo en Mí" (Gálatas 2:20). El apóstol Pedro nos explica cual es el secreto de una vida realmente cristiana: "Porque para esto sois llamados; pues que también Cristo padeció por nosotros, dejándonos ejemplo, para que vosotros sigáis sus pisadas" (1 Pedro 2:21).

Un amigo me contó la siguiente historia de una frágil embarcación que se zarandeaba sin misericordia, mientras la tormenta se cernía violentamente. Me comentó que los pasajeros estaban aterrorizados, cuando de pronto se dieron cuenta que sobre la alfombra un niñito, jugaba despreocupadamente, como si nada ocurriera. –"Querido, ¿no tienes miedo?", –preguntó uno de ellos. El niño con perfecta calma respondió: "¡No, no tengo miedo! ¡Mi padre es el capitán y él está en el timón, nada nos ocurrirá!"

Muchas veces la vida es tormentosa y difícil, nos parece imposible arribar al puerto anhelado de la felicidad. ¿Por qué no entregar el timón de nuestra vida al divino Capitán? Él nos guiará a través de todas las tormentas, sorteará todos los escollos y hará anclar nuestra vida en el puerto de la felicidad eterna. Él desea guiarnos. Quiere estar siempre con nosotros. Oigamos su tierna invitación: "He aquí yo estoy a la puerta y llamo; si alguno oyere mi voz y abriere la puerta, entraré a él, cenaré con él y él conmigo" (Apocalipsis 3:20) Cristo llama a la puerta del corazón, pero a nosotros nos toca abrirla. ¿Lo dejaremos irse sin abrirle? ¡No! ¡Abramos la puerta de par en par! ¡Y entonces habremos encontrado el camino hacia una vida feliz!

Una noche cuando terminé de predicar, un joven se acercó y me dijo que él sabía que tenía que entregar su vida a Cristo. Él sabía que la Biblia es el manual por excelencia, veía que todo el paquete era muy demandante y esclavizante. Con paciencia le dije que si pensaba en todo lo que tenía que dejar, llegaría a ser como una montaña insuperable. Pero si depositaba su fe en la dinamita de Cristo, Jesús haría explotar el obstáculo de en medio como los que construyen carreteras y abrirá paso hacia delante. Con aprecio le exhorté: ¡Confía en el Maestro y jamás te va a decepcionar! Lastimosamente, no escuchó el llamado y semanas después falleció en un accidente.

"Eliseo un día recibió el llamado de Dios y no se sintió digno de aceptarlo. Cuando recibió el llamado, se puso a prueba su decisión. Al volverse para seguir a Elías, el profeta le dijo que regresara a su casa. Debía calcular el costo, decidir por sí mismo si había de aceptar o rechazar el llamamiento. Pero Eliseo comprendió el valor de su oportunidad. Por ninguna ventaja mundanal hubiera dejado pasar la posibilidad de llegar a ser mensajero de Dios, o hubiese sacrificado el privilegio de asociarse con su siervo".[9]

Cristo te invita a ser parte del remanente y a escudriñar las verdades que te apartarán del error. La Santa Jerusalén está a las puertas y no te puedes dar el lujo de rechazarle. En el transcurso de este libro has leído las pruebas tangibles de la caída del cristianismo y el restablecimiento de una esperanza depositada en Cristo. Has visto proféticamente el surgimiento de un remanente cuyas características son inconfundibles. Ahora ¿qué te detiene? ¡Busca mi amigo y lo hallarás! Prueba el manjar del cual yo te he hablado. Está a tu disposición. ¡Pide y recibirás!

Referencias

1 *Comentario Bíblico Adventista*, Volumen 7, Apocalipsis p. 905.

2 *Ibid.*

3 White, Ellen G. *Conflicto De Los Siglos*, pp. 735-736.

4 Ibid, p. 736.

5 Ibid, p. 657.

6 White, Ellen G. *The Review and Herald*, 3 de septiembre de 1903.

7 Pucho, Alexander P. *La Fuente De La Vida y La Felicidad*, Cap. 12, p. 6.

8 Ibid.

9 White, Ellen G. *Educación*, pp. 58,59.

CAPÍTULO

XII

¿QUÉ TE IMPIDE?

CAPÍTULO XII | ¿QUÉ TE IMPIDE?

Nací en cuna cristiana y de padres piadosos que dieron todo por mí. Mi pasión desde pequeño fue ser misionero para llevar las buenas nuevas de gran gozo al desamparado y perniquebrado. Tuve todo el amor, cuidado y educación que un niño pudiera soñar, pero nada me pudo librar de una caída súbita del pedestal donde me encontraba. Me sentía vacío y desorientado. Había recibido una religión heredada. Nunca había sentido la experiencia del primer amor. Entonces busqué la felicidad yéndome al mundo. Allí me hundí en una manera tan desastrosa que terminé al borde del precipicio. Cuando estaba al margen de la muerte, agonizando en mi lecho en el hospital de Bella Vista en Puerto Rico, en uno de los momentos de lucidez abrí mis ojos y vi a mi papito en la esquina del cuarto. En lágrimas me dijo: "*¿Qué te impide* regresar a los pasos de Jesús, Omarcito?" Allí en mi estado angustiante tuve que analizar mi vida a la luz del Cristo del calvario. Ese momento marcó mi primera experiencia con el primer amor. Yo había heredado la iglesia, la doctrina, la disciplina, la reforma pro-salud, el conocimiento bíblico, pero nunca había sentido nada, todo era nominal. Semanas más tarde cuando ya mi dolencia cesó su cruel abatimiento, miré a mi padre y él me dijo las palabras que jamás voy a olvidar: "¡Omar! ¡Ahora comprendo un poco más el dolor del Padre celestial, cuando tuvo que dar al mundo a su único Hijo para que muriera por todos nosotros! ¡Y pensar que yo casi perdí el mío!"

Cuando salí de esa tormenta empecé a estudiar todas las

verdades bíblicas con ahínco. Ahora las veía con más claridad porque las presenciaba con los ojos de la fe. Por primera vez me estaba enamorando de Jesús. Cristo era el mensaje final de todas las profecías. ¡Cristo era la solución! En ese momento me pregunté: "¿Qué te impide predicar, testificar y vivir por Cristo?" Quise comenzar por las raíces de mi desliz y me di cuenta que la razón no era del otro mundo, sino pequeños detalles que se acumularon y formaron mi caída.

Una noche pensando, me pregunté: "¿Por qué hay tantas religiones en el mundo que ofrecen la solución a mi problema? ¿Cuál es la verdadera iglesia, que tiene las características del remanente del Apocalipsis? Toda verdadera reforma comienza con una admisión de culpa y pecado. ¡Yo quería encontrar la culpa! Me compenetré a estudiar el origen de la iglesia cristiana y su caída. A medida que lo hacía, encontré que el desliz fue por las mismas razones de mi caída. Todo se podía resumir en orgullo, soberbia y mentiras que me llevaron al despilfarro de mi corta existencia. Vi que por la misma razón, a través de la historia, los seres humanos quitaron sus ojos del Creador, trayendo en sí la muerte espiritual para la iglesia. Vi que me había dedicado por años a buscar la perfección, cuando debiera haber visto al único que es perfecto, mi Señor Jesucristo.

Recibí inspiración de los primeros padres de la iglesia cristiana primitiva. Me compenetré en la vida de los mártires de Cristo. Vi como a través de las edades Cristo siempre tuvo caudillos que levantaron los estandartes de la Cruz. Reformadores como Lutero, Juan Huss, Jerónimo y otros me hicieron ver que el mensaje de salvación no depende de ningún hombre, sino de nuestro Salvador Cristo Jesús. Me dio ánimo poder ver como los que eran parte del remanente siempre de alguna manera u otra predicaron las verdades pisoteadas por la mayoría del mundo religioso, cómo estos predicadores y testificadores dieron sus vidas para levantar a Cristo como nuestro único Intercesor. Pude confirmar cómo estos movimientos proféticos pavimentaron el camino para que con voz de pregonero se diera el último clamor. Pude confirmar que sí existiría un remanente para los últimos días de esta tierra que tendría las características de Apocalipsis 14:12, "Aquí está la paciencia de los santos, los que guardan los mandamientos de Dios y la fe de Jesús". Y fue la siguiente cita que me sacudió de mi estado de somnolencia: "Así también será proclamado el mensaje del tercer ángel. Cuando llegue el tiempo de hacerlo con el mayor poder, el Señor obrará por conducto de humildes instrumentos, dirigiendo el espíritu de los que se consagren a Su servicio. Los obreros serán calificados más bien por la unción de Su Espíritu que por la educación en institutos de enseñanza. Habrá hombres de fe y de oración que se sentirán impelidos a declarar con santo entusiasmo las palabras que Dios les inspire. Los pecados de Babilonia serán denunciados...".[1]

"En cada generación Dios envió siervos Suyos para reprobar el pecado tanto en el mundo como en la iglesia. Pero los hombres desean que se les digan cosas agradables, y no gustan de la verdad clara y pura. Muchos reformadores, al principiar su obra, resolvieron proceder con gran prudencia al atacar los pecados de la iglesia y de la nación. Esperaban que, mediante el ejemplo de una vida cristiana y pura, llevarían de nuevo al pueblo a las doctrinas de la Biblia. Pero el Espíritu de Dios vino sobre ellos como había venido sobre Elías, impeliéndoles a censurar los pecados de un rey malvado y de un pueblo apóstata; no pudieron dejar de proclamar las declaraciones terminantes de la Biblia que habían titubeado en presentar. Se vieron forzados a declarar diligentemente la verdad y señalar los peligros que amenazaban a las almas. Sin temer las consecuencias, pronunciaban las palabras que el Señor les ponía en la boca, y el pueblo se veía constreñido a oír la amonestación".[2]

De estas líneas nace cada día en mí el poder contestar la pregunta: "¿Qué te impide Omar predicar la verdad?" ¡No hay tiempo que perder! El mensaje debe ser predicado a todos los recónditos lugares de la tierra. Las almas están pereciendo sin que nadie les predique. ¡Cuántas veces por mis prejuicios dejé de hacer lo que debía!

El mundo vive en una era de grises. ¡Ay de aquel que hable con un poco de fuerza, porque enseguida lo quieren marginar o anular! Todo pecado que sea respaldado por la sociedad o algún experto en la materia, es permitido y apoyado aún por las leyes del país, o los políticos que para todo tienen solución, menos para el comportamiento humano. El pluralismo ha tomado control de esta era. La juventud no quiere dar en la tecla para aparecer políticamente correctos. Son las pequeñas zorras que la sociedad no les da importancia ¡Lo ven como algo normal!

"¡Chicago envuelta en llamas!", anunciaron los diarios.

"¡Centenares de muertos, miles de desamparados!"

Fue el 8 de octubre de 1871, una vaca, propiedad de la señora O'Leary, estando en el establo al anochecer, derribó una lámpara de querosén. La paja esparcida por el suelo se incendió enseguida. Toda la región sufría las consecuencias de una larga sequía, y en pocos instantes el viento llevó el fuego a través de los campos secos. Dos tercios de las casas eran de madera y la llama de la pequeña lámpara de querosén que inició el incendio en la paja del establo, se propagó rápidamente hacia el sur, y después en dirección al norte, sembrando desolación y ruina. ¡Qué destructor es el poder de las cosas pequeñas! El incendio destruyó completamente 17,500 casas y propiedades, por un valor de millones de dólares. Más de 300 personas murieron, y 100,000 quedaron sin vivienda. La Biblia menciona el peligro de las cosas que parecen ser insignificantes. "¡Cazad… las zorras pequeñas, que echan a perder las viñas!", exhorta el sabio, en Cantares 2, versículo 15. Así como las pequeñas zorras dañan las viñas y destruyen los parrales que están en flor, así los pequeños pecados acariciados destruyen los viñedos del ser. Igualmente podemos afirmar que no hay distinción entre grande o pequeño cuando se habla del pecado. Todo pecado, es pecado. No hay un pecado que se pueda glorificar y otro condenar.

"Todo pecado, no importa su dimensión, constituye una ofensa contra Dios. No siempre son los pecados grandes los que arrastran a los hombres a los abismos oscuros de la destrucción. Los pequeños pecados acariciados en el corazón, no vencidos, producen resultados tan destructivos, como las grandes transgresiones. Puede que haya hombres que tengan excelentes dones, mucha capacidad, espléndidas cualidades; pero un defecto, un solo pecado albergado, ocasionará al carácter, lo que al barco una tabla carcomida, un completo desastre y una ruina absoluta".[3]

Para muchos de nosotros las larvas de los insectos que penetran y destruyen las frutas, lo hacen perforando la piel y penetrando en su interior. Sin embargo, los especialistas en Botánica afirman que los insectos lepidópteros, depositan sus huevos en el momento de la floración del manzano, iniciando así el ciclo biológico en el interior de la fruta, y luego siguiendo hasta la perforación de la piel. El gusano del pecado actúa de la misma manera porque nace en las entrañas del corazón y sigue su crecimiento de adentro hacia fuera, hacia nuestra mente, alterando nuestra conducta y manchando nuestra vida. Por eso Jesús afirmó: "Porque del corazón de los hombres, salen los malos pensamientos, los adulterios, las fornicaciones, los homicidios, los hurtos, las avaricias, las maldades, el engaño, las lascivias, la envidia, la maledicencia, la soberbia, la insensatez. Todas esas maldades de dentro salen y contaminan al hombre" (Marcos 7:21-23). El corazón y el intelecto, son la fuente de la vida. Si estas fuentes llegan a contaminarse por el veneno del pecado, la vida espiritual está en peligro.

Cuando los conquistadores españoles, bajo el comando de Hernán Cortes, atacaron el imperio de los aztecas (en el 1519), estos no ocultaron su sorpresa al ver que sus flechas alcanzaban la coraza de los españoles y rebotaban. Sin embargo, los indígenas no tardaron mucho en descubrir que las piernas de los atacantes no estaban protegidas. Así, decidieron bajar la puntería e infligieron sorprendentes bajas a los invasores. El enemigo conoce nuestras debilidades, por donde podemos ser fácilmente asaltados y vencidos.

"Satanás nos ataca en nuestros puntos débiles, pero no es preciso que nos venza. Por severo e inesperado que sea el asalto, Dios ha provisto ayuda para nosotros, y mediante Su poder, podremos ser vencedores".[4]

Satanás conoce tus debilidades, por lo tanto, aférrate a Jesús. Permaneciendo en el amor de Dios, podrás soportar toda tentación. Si el gran adversario nos tienta en nuestros puntos frágiles, sea el orgullo, la impureza, la mentira, la cólera, la idolatría, o cualquier otra área vulnerable, solo en Cristo somos más que vencedores.

¡Cuántos amigos y seres queridos he tenido que sepultar! Algunos, como mi padre por el cáncer. Otros, como mi amigo Roberto por el funesto SIDA. Otros por accidentes terribles, después de que los había amonestado para que dieran sus vidas a Cristo y dejaran de vivir una vida en pecado.

Hollywood inmortaliza a hombres y mujeres, que por medio del heroísmo, hicieron grandes cosas. Pero todos esos personajes están muertos o esperan algún día la muerte, sin esperar una vida mejor.

No busques una religión como solución a tus incógnitas. ¡Busca la verdadera iglesia que ama a Cristo y su justicia! ¡Busca la verdad con diligencia!

"Cristo y los ángeles obran en el corazón de los hijos de los hombres. La iglesia del cielo unida con la iglesia de la tierra está peleando la buena batalla de la fe en este mundo.

Debe producirse una purificación del alma aquí en la tierra, en armonía con la purificación efectuada por Cristo en el santuario celestial".[5]

"Por lo tanto, ya que, en Jesús, el Hijo de Dios, tenemos un gran sumo sacerdote que ha atravesado los cielos, aferrémonos a la fe que profesamos. Porque no tenemos un sumo sacerdote incapaz de compadecerse de nuestras debilidades, sino uno que ha sido tentado en todo de la misma manera que nosotros, aunque sin pecado. Así que acerquémonos confiadamente al trono de la gracia para recibir misericordia y hallar la gracia que nos ayude en el momento que más la necesitemos" (Hebreos 4:14-16).

No es imposible vencer el pecado. Cristo te ofrece la solución eterna: "Si nuestros labios necesitan limpieza, si nos damos cuenta de nuestra miseria y vamos a Dios con corazón contrito, el Señor quitará la suciedad, y dirá a su ángel: "Quitadle esas vestiduras viles" y vestidlo con "ropas de gala".[6]

¡Hoy es el día del Señor! No vivas en los laureles del ayer, lo único que tienes es el presente. El ayer ya no se puede cambiar y el mañana solo Dios es dueño. Te invito que busques la tumba de Cristo. Si la hallas, te aseguro que la encontrarás vacía, porque nuestro Redentor vive y viene otra vez a darnos la recompensa de la vida eterna. ¡Cuán agradecidos debiéramos estar por tener a nuestro alcance tan admirable Salvador! ¡Cristo te ama! Dio su vida por ti, sé recíproco, acepta su amor y serás eternamente feliz.

Hoy te pregunto: ¿QUÉ TE IMPIDE?

Referencias

1 White, Elena G. *Conflicto de los siglos*, p. 611.
2 Ibid, p. 664.
3 White, Elena G. *Joyas de los testimonios*, p. 480.
4 White, Elena G. *Patriarcas y profetas*, p. 395.
5 White, Elena G. *Carta 37*, 1887.
6 White, Elena G. (1886). *Review and Herald*, pp. 12-22.

¡UN CURSO GRATUITO PARA TI!

Si la lectura de este libro te inspira a buscar la ayuda divina, tienes la oportunidad de iniciar un estudio provechoso y transformador de las Escrituras, sin gasto ni compromiso alguno de tu parte.

Llena este cupón y envíalo por correo a:

La Voz de la Esperanza
P.O. Box 7279
Riverside, CA 92513
Estados Unidos de Norte América

O visita nuestra página de internet www.lavoz.org/cursos

Corta este cupón

Deseo inscribirme en uno de los cursos gratuitos por correspondencia:

___ Hogar Feliz (10 lecciones)
___ Descubra (12 lecciones)
___ Buena Salud (10 lecciones)
___ Tiempo Joven (12 lecciones)

Nombre_____

Dirección _____

Ciudad _____

Estado _____Teléfono_____

Código Postal _____ País_____

Correo electrónico_____